SPIEL UND SPRACHE

A First-Year Motivational Reader

ARMIN WISHARD
Colorado College

EDWARD DILLER
University of Oregon

W·W·Norton & Company·Inc·
New York

"Worauf man in Europa stolz ist" by Kurt Tucholsky, from Kurt Tucholsky, *Gesammelte Werke,* vol. 3 (Reinbek, Germany: Rowohlt Verlag).

Selections from *Deutsches MAD:* "Ein peinlicher Unfall," "Das MAD Lesebuch: (1) Das teure Haus, (2) Die kleinen Verbrecher, (3) Die Wunderkinder, (4) Die leidigen Parties, (5) Die Scheidungen," "Generationsprobleme" by David Berg, "Freude am Reisen" by David Berg, "Do-It-Yourself Zeitungs-Protest-Story," "Dem Leben nachempfunden" by Sergio Aragones. Copyright © 1965, 1969 by E. C. Publications, Inc.

"Weihnacht" by Friedrich Dürrenmatt, from Friedrich Dürrenmatt, *Die Stadt* (Zurich: Arche, Peter Schifferli).

"Ermutigung" by Wolf Biermann, from Wolf Biermann, "4 neue Lieder." Copyright by Verlag Klaus Wagenbach, Berlin.

"Perry Rhodan im Bild" reprinted by permission of Moewig-Verlag, Munich.

"Die Gouvernante" by Stefan Zweig, from Stefan Zweig, *Brennendes Geheimnis und andere Erzählungen.* Copyright 1938 by Herbert Reichner Verlag, Vienna-Leipzig-Zurich. All rights are kept by S. Fischer Verlag GmbH, Frankfort on the Main.

CONTENTS

PREFACE

Two assumptions underlie the creation of this book: first, that there is written material available that first-year students of the German language can and want to read; and second, that a short anecdote or a cartoon can become the basis for the extensive development of oral and written language skills. We believe that there is a good deal of literature for first-year German students that by its very nature attracts and motivates readers to purchase it for entertainment and to ponder over it: the many classics in paperback, German pictorial magazines, comic books, collections of jokes or puzzles—material that is amusing, relevant, entertaining, provocative, instructive, or enlightening.

Comparative linguists are continually trying to make students and teachers of modern languages aware of the fact that there is, lexically and syntactically, little difference between colloquial and literary language. If a student can readily understand the advertisement **Wer sich dieses Auto anschafft, den können die Nachbarn bewundern,** he will have little trouble later on in comprehending and appreciating the superiority of **Wer immer strebend sich bemüht, den können wir erlösen,** when it comes to the reading of *Faust*. If one uses and enjoys a foreign language in a simple and meaningful way at first, an appreciation of its subtle constructs and elusive meanings must develop with time.

Having said this, we hope to counter any possible objections to our lumping together in one volume comic strips from *Deutsches MAD* with stories by Stefan Zweig and Friedrich Dürrenmatt; at the same time, we hope to arm the student and teacher of German with a sense of authority and adventure that allows them to examine and enjoy some of the polar contradictions that constitute the written literature of our time. *Spiel und Sprache* is not merely a catchy title; it incorporates for us the essence of learning no less than it did for Schiller, who in his philosophical writings made every effort to show that the human mind is most open and receptive to learning when it leaves its habitual constraints behind and loses itself with total absorption in the realm of *Spiel*.

TO THE TEACHER

The units of this book are for the most part programmatic and self-contained. The teacher may, if he wishes, simply assign a total unit of work over a given time and expect the first-year German student to complete it at home and then hand in the completed exercises. The units have been kept purposely short for this reason. On the other hand, one may consider the drills, exercises, and tests accompanying each unit as a mere point of departure for additional discussion and oral practice in the classroom.

For the fullest use of this book, we suggest the following procedure for most units:

1. Assign a unit as an extended homework assignment, allowing a few days for preparation.

2. Then, on the day announced, read the selection in class, using the following techniques:

- Read a sentence aloud.
- Have the students read in chorus after you.
- Ask individual students two or three questions about the the sentences that require only slight transformations in response. (Example: **Der Gammler hat Schwierigkeiten an der Grenze** should be followed in rapid order by questions such as **Wer hat Schwierigkeiten an der Grenze? Was hat der Gammler an der Grenze? Wo hat er Schwierigkeiten? Warum hat er Schwierigkeiten?** i.e., **er hat einen Bart; die Leute sind böse,** etc.)
- Where pictures are involved, ask over and over again **Was sehen Sie in diesem Bild? Neben dem Mann? Was trägt er? Was tut die Frau?** etc.
- After discussing the selection in detail, have students reread the text in its entirety.
- Correct the written assignment with the class.
- Have the class hand in the written assignment.
- Now, with all books closed, ask the questions that have been handed in and, where applicable, go over the exercises orally, letting the students answer from memory.
- Do not hesitate to exploit moments of special enthusiasm, interest, or insight. Do your best to sustain simple conversations in German, even where they deviate from the scheduled assignment.

The short selections chosen for this first-year reader have an advantage as subject matter for oral practice: they may be read and reread with a minimum expenditure of time and effort, and yet they prepare the student to handle the classroom work with a feeling of confidence, accomplishment, and pleasure. Should you wish to enrich this program even more, we suggest that you make use of the vast repository of audio-visual materials available at little or no cost from NCSA-AATG Service Center, 339 Walnut Street, Philadelphia, Pa. 19106. (Send $1.75 for a complete catalogue of materials available.) The Bremen House, 218 East 86th Street, New York, N.Y. 10028, has become a specialty shop for the ordering of records and has copies of the musical *Haare,* the Biermann and Marlene Dietrich records of protest and folk songs, as well as music from well-known shows and by rock groups. Inter Nationes, 53 Bonn, Kennedyallee 91, Germany, also offers materials and services to German teachers. Finally, students and teachers often ask about subscriptions to *Deutsches Mad.* The address is Mad-Kundendienst, 5100 Aachen, Brabant-strasse 8, Germany. The cost is $4.00 for six issues. However, one may also make arrangements for a subscription through any of the bookstores that advertise in the *German Quarterly.* Last, but not least, are the invaluable services rendered by the German consulates located throughout the country.

Any and all of these materials may form the basis for fresh interest and enthusiasm for the study of German; and as studies have shown and experienced teachers have observed, motivation rather than intelligence is the *sine qua non* for the acquisition of a foreign language. At best the two go hand in hand: the excitement and adventure of learning a language, and an intelligent, systematic approach to its acquisition. Both, however, will fail to materialize if the teacher does not provide the proper climate for learning. It is with him or her that the student's ultimate success or failure resides.

SPIEL UND SPRACHE

WARUM MAN EINE FREMDSPRACHE LERNT

Eine weiße Katze sitzt in einem Zimmer vor einem Loch in der Wand. Sie ist sehr hungrig, und sie kann keine Maus fangen. Sie sagt laut: „Miau, miau!" (Eine deutsche Katze sagt auch: „Miau, miau!" wie eine englische Katze!) Sie sitzt den ganzen Tag hier und klagt.

Eine schwarze Katze kommt in das Zimmer. Sie hat alles gehört, und sie fragt die weiße Katze: „Warum klagst du so laut? Ich habe dein Miauen auf der Straße gehört!"

„Ich bin sehr, sehr hungrig", antwortet die weiße Katze. „In dem Loch ist eine Maus, aber ich kann sie nicht fangen!"

Die schwarze Katze denkt einen Augenblick nach, und dann sagt sie: „Das ist kein großes Problem. Ich kann die Maus fangen!" Sie geht vor das Loch in der Wand und sagt laut: „Wau-wau!" (Ein deutscher Hund sagt immer „Wau-wau!")

Die Maus in dem Loch denkt: „Jetzt ist die dumme Katze fort", und sie kommt in das Zimmer. Die schwarze Katze springt und fängt die arme Maus.

Die weiße Katze sagt: „Wie ist das möglich? Du kannst die Maus fangen und ich nicht!" Die schwarze Katze antwortet: „Das ist nicht so schwer. Man muß nur intelligent sein und eine Fremdsprache sprechen!"

---

warum why
die Fremdsprache foreign language
sitzen to sit   **weiß** white   **die Katze** cat
das Zimmer room   **das Loch** hole
die Wand wall   **können** can, to be able
fangen to catch   **sagen** to say
wie like, as   **den ganzen Tag** the whole day   **klagen** to complain

schwarz black
hat . . . gehört has heard
fragen to ask
die Straße street

antworten to answer
aber but

denken to think
der Augenblick moment
dann then   **groß** great; big
vor in front of

jetzt now   **dumm** stupid
fort gone; away
springen to jump   **arm** poor

wie how
möglich possible
müssen must   **nur** only
sprechen to speak

1

A. *Complete the following sentences by consulting the story for the correct answers.*

1. In einem Zimmer vor einem Loch in der Wand sitzt _____.

2. Die Katze miaut; sie ist _____.

3. Deutsche und englische Katzen sagen _____.

4. Eine schwarze Katze kommt und sagt zu der weißen Katze: „_____

    _____

    _____.“

5. In dem Loch in der Wand ist _____.

6. Die weiße Katze kann die Maus nicht _____.

7. Die schwarze Katze geht vor das Loch und sagt laut: „_____.“

8. Ein deutscher Hund sagt: „_____“; ein englischer Hund sagt:

    „_____.“

9. Die Maus in dem Loch denkt: „Die Katze ist _____.“

10. Die Maus kommt in das Zimmer, und die schwarze Katze _____

    _____.

11. Die schwarze Katze ist intelligenter als _____.

12. Die schwarze Katze sagt, man soll _____ lernen.

B. *Answer **richtig** (true) or **falsch** (false).*

_____ 1. Die weiße Katze sitzt in dem Loch in der Wand.

_____ 2. Die schwarze Katze ist ein Hund.

_____ 3. Eine deutsche Katze sagt immer: „Wau-wau!“

_____ 4. Die Maus sagt laut: „Miau, miau!“

_____ 5. Die weiße Katze will die Maus fangen.

_____ 6. Die schwarze Katze ist intelligenter als die weiße Katze.

_____ 7. Die weiße Katze hat großen Hunger.

_____ 8. Ein Hund fängt die Maus.

_____ 9. Die Maus denkt: „Die Katze ist dumm.“

_____10. Die schwarze Katze kann die Maus fangen; sie spricht eine Fremd-
sprache.

C. *Answer the following questions in German.*

    1. Warum miaut die weiße Katze?

    _____

    2. Was sagt eine deutsche Katze?

    _____

    3. Warum kommt die schwarze Katze ins Zimmer?

    _____

    4. Ist die weiße Katze intelligent?

    _____

    5. Wer sagt: „Wau-wau!"?

    _____

    6. Warum kommt die Maus aus dem Loch?

    _____

    7. Wer fängt die Maus?

    _____

    8. Warum kann die schwarze Katze die Maus fangen?

    _____

    9. Hat die schwarze Katze ein Problem?

    _____

   10. Was ist die Moral dieser Geschichte?

    _____

AUTOFAHREN IN DEUTSCHLAND

In Deutschland gibt es viele Autos. Die Deutschen fahren sehr gern Auto. Die Deutschen wandern auch sehr gern, aber nur wenn sie nicht genug Geld haben, ein schönes Auto zu kaufen. Hier haben wir ein Bild von einem Kraftwagen. (Auto und Kraftwagen sind Synonyme.)

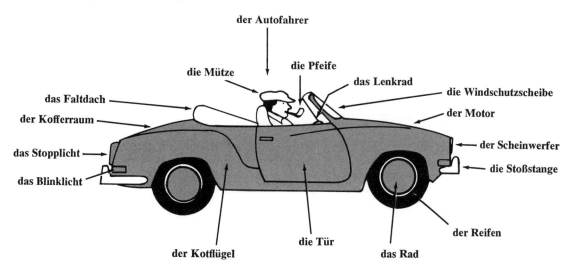

Dieser Wagen ist ein Sportcoupé. Der Mann im Auto ist steinreich (*filthy rich*). Der Kofferraum (*trunk*) ist voll Geld. Vielleicht ist der Autofahrer Amerikaner! Vielleicht ist er Student! Man weiß das nie heutzutage (*these days*). Er könnte vielleicht auch nur Professor sein!

A. *Answer the following questions in German.*

1. Wo gibt es viele Autos?

_____

2. Was fahren die Deutschen gern?

_____

3. Was kaufen die Deutschen, wenn sie genug Geld haben?

_____

4. Wo sitzt der Autofahrer?

_____

5. Ist der Autobesitzer im Bild ein armer Mann?

_____

6. Was hat der Autofahrer im Kofferraum?

_____

7. Ist der Autofahrer Amerikaner?

_____

8. Ist der Autofahrer Student?

_____

9. Ist der Autofahrer Professor?

_____

10. Wie viele Räder hat dieser Kraftwagen?

_____

B. *Select the most appropriate word or phrase to complete each statement.*

1. In Deutschland gibt es viele _____.
   a. Touristen   c. Autos
   b. Professoren   d. Pfeifen

2. Der Autofahrer im Bild raucht _____.
   a. einen Reifen   c. eine Mütze
   b. die Windschutzscheibe   d. eine Pfeife

3. Das Sportcoupé hat _____.
   a. vier Kotflügel   c. vier Lenkräder
   b. vier Stoßstangen   d. vier Hauben

4. Der Motor in diesem Kraftwagen ist _____.
   a. auf dem Faltdach   c. unter dem Autofahrer
   b. vorne   d. in dem Reifen

5. Ein Autofahrer steuert den Wagen mit dem _____.
   a. Stopplicht   c. Scheinwerfer
   b. Lenkrad   d. Faltdach

MANN UND FRAU

Eine alte Frau kommt in den Wartesaal eines Arztes. Sie setzt sich neben einen Mann und wartet. Der Herr beginnt, eine dicke Zigarre zu rauchen. Der Qualm ist bald sehr dick, und die Frau beginnt zu husten.

"Ein Gentleman raucht nicht in Gegenwart einer Dame!" sagt ⁵ sie zu ihm. Er antwortet nicht. "Ein Gentleman raucht nicht in Gegenwart einer Dame!" sagt die Frau noch einmal laut.

"Nun, wenn es Ihnen nicht gefällt, setzen Sie sich bitte auf einen anderen Platz", antwortet jetzt der Mann langsam und ruhig. ¹⁰

Die Frau ärgert sich sehr und ruft laut: "Das ist eine Unverschämtheit. Wenn Sie mein Mann wären, würde ich Sie jetzt vergiften!"

"Nun gut", sagt der Mann und raucht ruhig seine Zigarre, "und wenn Sie meine Frau wären, würde ich das Gift bestimmt ¹⁵ nehmen!"

---

alt old   **der Wartesaal** waiting room
der Arzt doctor   **neben** next to
warten to wait   **die Zigarre** cigar
rauchen to smoke   **der Qualm** smoke
bald soon   **husten** to cough

in Gegenwart in the presence of
die Dame lady
noch einmal once more

gefallen to please; to like
sich setzen to sit down   **anderen** other
der Platz seat; place   **jetzt** now;
langsam slowly   **ruhig** calmly

sich ärgern to be angry
rufen to yell; to scream
die Unverschämtheit rudeness

wenn ... wären if ... were
würde would   **vergiften** to poison
nun gut very well   **das Gift** poison
bestimmt for sure   **nehmen** to take

A. *Complete the following sentences by consulting the story for the correct answers.*

1. In den Wartesaal kommt _____.

2. Sie setzt sich _____.

3. Der Herr im Wartesaal raucht _____.

4. Der Qualm ist dick und die Frau muß _____.

5. Die Frau sagt: "Ein Gentlemann _____
   _____!"

6. Der Mann antwortet: "Bitte setzen Sie sich _____
   _____."

7. Wenn er der Mann der Frau wäre, würde sie ihn jetzt _____.

8. Der Mann antwortet, er würde _____.

B. *Answer* **richtig** (true) *or* **falsch** (false).

_____ 1. In dem Wartesaal sind zwei Männer und zwei Frauen.

_____ 2. Die Frau beginnt, eine Zigarre zu rauchen.

_____ 3. Der Herr raucht eine Zigarette.

_____ 4. Die Frau muß husten, denn der Qualm ist dick.

_____ 5. Die Frau ärgert sich über den Mann.

_____ 6. Der Mann liebt die Frau.

_____ 7. Der Mann ist sehr ruhig.

_____ 8. Sie denkt, der Mann ist unverschämt.

_____ 9. Der Arzt will die Frau vergiften.

_____10. Der Mann sagt zu der Frau: „Setzen Sie sich auf einen anderen Platz."

_____11. Der Mann raucht seine Zigarre nicht in Gegenwart der Frau.

_____12. Er würde Gift nehmen, wenn sie seine Frau wäre.

C. *Form simple sentences using the words given below.*

Example: ***eine Frau / kommen / in / d—— / Wartesaal.***
Eine Frau kommt in den Wartesaal.

1. der Herr / rauchen / ein—— Zigarre.

_____

2. der Qualm / sein / dick.

_____

3. die Frau / beginnen / zu / husten.

_____

4. der Mann / antworten / jetzt / ruhig.

_____

5. die Dame / sich ärgern über / d—— Mann.

_____

8

D. *Answer the following questions in German.*

1. Wer kommt zu dem Arzt?

   _____

2. Was raucht der Mann im Wartesaal?

   _____

3. Warum hustet die Frau?

   _____

4. Wie oft sagt die Frau zu dem Mann: „Ein Gentleman raucht nicht in Gegenwart einer Dame!"?

   _____

5. Setzt sich der Mann auf einen anderen Platz?

   _____

6. Wie sagt man auf deutsch: *"That is terribly rude"*?

   _____

7. Was würde die Frau tun, wenn das ihr Mann wäre?

   _____

8. Ärgert sich der Mann über die Frau?

   _____

9. Ist der Mann ein Gentleman?

   _____

10. Was würde der Mann nehmen, wenn das seine Frau wäre?

   _____

11. Was denkt die Frau über den Mann?

   _____

12. Wo sitzen der Mann und die Frau?

   _____

KREUZWORTRÄTSEL: 1

In completing this puzzle and the others in this book, provide the German equivalents of the English words.

Waagerecht
1. *houses*
6. *very*
7. German currency
10. pronoun *you*
11. *ice cream*
12. *egg*
13. *to run*

Senkrecht
1. *shirt*
2. *watch*
3. *it*
4. *to travel*
5. *to ask*
8. German diphthong
9. *no, none*
12. infinitive ending of verbs

Solution on p. 178.

DON MARTIN I.

EIN PEINLICHER UNFALL

peinlich embarrassing
der Unfall accident
ist . . . gefallen has fallen
das Fenster the window
hält . . . fest holding tight
sich himself
nur only
noch still
ihm helfen help him

die Dame woman; lady
die Frau wife; woman
Angst haben to be afraid
fallen to fall
stehen to stand
am Fenster at the window
das Fensterbrett windowsill

schnell fast; quick(ly)
drück! press!; shove!
mit aller Gewalt with all your might
nach unten down(wards)
schlägt . . . zu closes; slams
auf die Finger on(to) the fingers

wenn when
pfeife whistle
hebst . . . an lift up
fange . . . auf catch
ihn him

laufen to run
sie läuft she runs
durch through
die Tür the door
der Gang the hall

die Treppen the steps
hinunter down
das Geländer bannister

© 1965

noch still; more	**erreichen** to reach	**der Mann** husband
weiter farther	**erschrocken** frightened	**unten** down below
schneller faster	**gespannt** tense; curious	**bleibt stehen** stops
		stoppen to stop
		die Zeigefinger index fingers
		noch oben still up above
		stehen to stand
		auf der Erde on the ground or earth
		die längsten Zeigefinger the longest index fingers
		böse angry
		klemmen caught; pinched

A. *Answer the following questions with a full sentence preceded by **Ja** or **Nein**. You have the option with negative questions of either giving the correct answer or simply inserting **nicht** at the appropriate point in the sentence (usually before the incorrect phrase).*

1. Ist ein Mann aus dem Fenster gefallen?

   Ja, ein Mann ist aus dem Fenster gefallen.

2. Hält er sich mit einer Hand fest?

   Nein, er hält sich nicht mit einer Hand fest. *Or:* Nein, er hält sich mit zwei Fingern fest.

3. Stehen zwei Damen am Fenster?

4. Sind die Damen froh (*happy*)?

_____

5. Sieht man zwei Würmer (*worms*) auf dem Fensterbrett?

_____

6. Schlägt die Frau die Tür zu?

_____

7. Soll die zweite Frau das Fenster nach unten drücken?

_____

8. Läuft die Frau durch das Fenster?

_____

9. Läuft die Frau die Treppen hinunter?

_____

10. Läuft die Frau immer schneller?

_____

11. Bleibt sie stehen, bevor sie die Tür erreicht?

_____

12. Steht der Mann auf dem Fensterbrett?

_____

13. Ist der Mann froh?

_____

14. Sind die Zeigefinger noch oben?

_____

15. Hat der Mann die längsten Zeigefinger der Welt?

_____

B. *Select the answer that best completes the sentence and fits the (non)sense of the story.*

1. Ein Mann ist _____ gefallen.
   a. aus dem Auto
   b. aus dem Fenster
   c. aus dem Himmel

2. Seine Frau will ihm _____.
   a. danken
   b. antworten
   c. helfen

3. Sie drückt das Fenster mit aller Gewalt auf seine _____.
   a. Finger
   b. Ohren
   c. Zunge

4. Die Frau läuft schnell _____.
   a. nach Hause
   b. nach unten
   c. nach oben

5. Draußen (*outside*) steht der Mann _____.
   a. auf dem Geländer
   b. auf den Treppen
   c. auf der Erde

DER KAFFEESCHMUGGEL

Der Zug kommt an die Grenze. „Ich habe zwei Pfund Kaffee", sagt eine junge Dame. „Ich möchte ihn ohne Zoll über die Grenze nehmen, aber ich höre, das ist sehr schwer. Die Kontrolle soll sehr streng sein."

Neben der Dame sitzt ein dicker, freundlicher alter Herr. Er sagt zu ihr: „Verstecken Sie den Kaffee unter ihrem Hut. Dort ist er sicher."

Bald hält der Zug an der Grenzstation. Die Reisenden hören einen Beamten rufen: „Paßkontrolle! Zollkontrolle! Bitte bleiben Sie auf ihren Plätzen!" Ein Beamter kommt in das Abteil. Er sagt freundlich: „Guten Tag, meine Damen und Herren. Haben Sie Kaffee oder Zigaretten zu verzollen?" „Nein", sagen alle laut. Aber der Beamte sagt dann plötzlich: „Hier rieche ich Kaffee!"

Der dicke Mann zeigt auf den Hut der Dame und sagt zu dem Beamten: „Die Dame hat unter ihrem Hut Kaffee versteckt."

Die Dame wird rot im Gesicht. Der Beamte sagt zu ihr: „Es tut mir sehr leid, aber Sie müssen für den Kaffee Zoll bezahlen."

Die Dame ärgert sich sehr über den Mann. Sie ist böse und sagt: „Sie sind unverschämt! Zuerst sagen Sie mir, ich soll den Kaffee unter dem Hut verstecken, und dann sagen Sie es dem Beamten."

Der Dicke sagt nichts, aber als der Zug über die Grenze fährt, antwortet er: „Ich bitte Sie tausendmal um Verzeihung. Sehen Sie, ich habe Sie verraten müssen. Ich habe fünfzig Pfund Kaffee in meinem Koffer. Der Beamte hat Kaffee gerochen, und es ist besser, er hat ihren Kaffee gefunden. Das waren nur zwei Pfund."

Und nun gab ihr der Mann fünf Pfund Kaffee. „Das ist für ihre Hilfe", sagt er. Die Dame freut sich über das Geschenk, und beide lachen laut über den Vorfall.

---

der Kaffee coffee
der Schmuggel smuggle
der Zug train **die Grenze** border
das Pfund pound **möchte** would like to **ohne Zoll** without duty
nehmen to take **hören** to hear
schwer difficult
die Kontrolle border check
streng strict **dick** fat

5 **freundlich** friendly **alt** old
verstecken to hide **der Hut** hat
sicher safe

bald soon **halten** to stop
die Reisenden travelers **rufen** to yell
10 **der Beamte** official **der Pass** passport
bleiben to remain **der Platz** seat
das Abteil compartment
verzollen to declare
plötzlich suddenly **reichen** to smell

15 **zeigen** to point
verstecken to hide

werden to become; to turn
das Gesicht face **bezahlen** to pay
es tut mir sehr leid I am very sorry (*idiom*)
sich ärgern to be angry **böse** mad
20 **unverschämt** terrible **zuerst** at first
sollen should **sagen** to tell

nichts nothing **als** when
um Verzeihung bitten to ask forgiveness **tausendmal** a thousand times **verraten** to betray
25 **fünfzig** fifty **der Koffer** suitcase
gerochen smelled **gefunden** found

die Hilfe help
dich freuen to be happy about
das Geschenk present
30 **lachen** to laugh **der Vorfall** incident

A. *Complete the following sentences by consulting the story for the correct answers and vocabulary.*

1. Der Herr und die Dame schmuggeln _____.

2. Der Herr neben der Dame ist _____.

3. Der Zug hält an _____.

4. In das Abteil kommt _____.

5. Die Dame versteckt den Kaffee _____.

6. Sie muß für den Kaffee Zoll _____.

7. Die Dame wird _____ im Gesicht.

8. Sie ärgert sich über _____.

9. Der Mann hat _____ Kaffee in seinem Koffer.

10. Die Dame bekommt _____ von dem Mann.

B. *Answer* ***richtig*** *or* ***falsch***.

_____ 1. Die Dame und der dicke Herr wollen Zigaretten schmuggeln.

_____ 2. Man muß für Kaffee an der Grenze Zoll bezahlen.

_____ 3. Die Zollkontrolle ist streng.

_____ 4. Der Herr neben der Dame ist unfreundlich und jung.

_____ 5. Der Beamte kontrolliert auch die Pässe.

_____ 6. Die Dame und der Herr sitzen in dem Abteil.

_____ 7. Der Beamte grüßt die Leute freundlich.

_____ 8. Die Dame wird grün im Gesicht.

_____ 9. Sie ärgert sich über den Mann.

_____ 10. Sie versteckt den Kaffee in ihrem Koffer.

_____ 11. Der dicke Mann versteckt fünfzig Pfund Kaffee unter seinem Hut.

_____ 12. Die beiden weinen über den Vorfall.

_____ 13. Der Beamte bekommt fünf Pfund Kaffee für seine Hilfe.

_____ 14. Der Herr bittet die Dame um Verzeihung.

_____ 15. Der Herr muß für seinen Kaffee Zoll bezahlen.

C. *Answer the following questions in German.*

1. Warum hält der Zug an der Grenze?

   _____

2. Was schmuggeln die Dame und der Herr?

   _____

3. Fahren der Herr und die Dame in einem Auto oder in einem Zug?

   _____

4. Beschreiben Sie den Mann!

   _____

5. Wer kontrolliert die Pässe?

   _____

6. Muß man für Zigaretten auch Zoll bezahlen?

   _____

7. Wo versteckt die Dame ihren Kaffee?

   _____

8. Wo ist der Kaffee des Mannes?

   _____

9. Wieviel Kaffee hat der Mann? Wieviel hat die Dame am Ende?

   _____

10. Freut sich die Dame über das Geschenk?

    _____

TWO SONGS FROM THE GERMAN PRODUCTION OF "HAIR" („HAARE")

Ich bin reich

Ich bin reich Mutter,
weil ich leb' Schwester,
und das Leben Bruder
meint es gut mit mir!
Zwar, ich hab kein Geld, Onkel,   5
aber unverschämt viel Charme, Tante,
und verrückte Ideen,
ich bin arm und doch so reich!

Ich hab mein Haar
und meinen Kopf   10
mit einer Stirn
und Ohren dran
und drin ein Hirn.
Ich hab ein Kinn
und einen Mund   15
—mit Zähnen drin!

Ich hab mein Fleisch,
ich hab mein Blut,
ich hab mein Herz,
und das ist gut.   20
Ich hab das, was man braucht
als Mann,
naja und dann
auch meinen Arsch!
Ich habe den Leib und Beine dran   25
und Füße
nicht zu kleine dran.
Ich hab was ich zum Leben brauch
und eine Seele hab ich auch!

(English title: I Got Life)

A. *Answer the following questions, using the cue given. For example, if you have **Was haben Sie? (Haar)**, you write, **Ich habe mein Haar.** Note that the possessive pronoun must agree with the subject (ich—mein; er—sein; sie—ihr; wir—unser; Sie—Ihr).*

1. Was haben Sie? (Kinn) _____

2. Was hat sie? (Ohren) _____

3. Was haben wir? (Schwester) _____

4. Was haben Sie? (verrückt—— Ideen) _____

5. Was hat er? (Kopf) _____

6. Was habe ich? (Zähne) _____

7. Was haben Sie? (Füße) _____

8. Was hat er? (Leib) _____

9. Was haben wir? (Seele) _____

10. Was haben Sie? (Mund) _____

B. *Construct the following elements into sentences.*

1. Ich / haben / kein / Geld / aber / ich / haben / verrückt—— Ideen.

_____

2. Ich / haben / mein—— Kopf / und / mein—— Zähne.

_____

3. Ich / haben / was / ich / brauchen.

_____

4. Ich / haben / Beine / an d—— Leib.

_____

5. Ich / haben / ein—— Mund / mit mein—— Zähnen / drin.

22

Ich hab' kein....

(AIN'T GOT NO)

a.d. American Tribal Love-Rock-Musical: "Hair"

A. *Change the following sentences from the negative to the affirmative.*

*Example: **Ich habe kein Heim. Ich habe ein Heim.***

    1. Ich habe keine Mutter. _____

    2. Ich habe kein Bett. _____

    3. Ich habe keinen Schlips. _____

    4. Ich habe keinen Mantel. _____

    5. Ich habe keinen Glauben. _____

B. *Change the following sentences to correspond to the pronoun in parentheses.*

*Example: **Ich habe kein Buch. (er) Er hat kein Buch.***

    1. Ich habe keine Mutter. (wir) _____

    2. Ich habe keinen Freund. (sie, *plural*) _____

    3. Ich habe keine Bildung. (ihr) _____

    4. Er hat keine Seife. (ich) _____

    5. Sie hat kein Auto. (Charlie) _____

    6. Es hat keinen Schlips. (du) _____

    7. Es hat keine Mutter. (ich) _____

    8. Wir haben keine Schuhe. (ihr) _____

    9. Sie hat kein Geld. (wir) _____

   10. Sie haben keine Schuhe. (er) _____

1   GERECHTIGKEIT?

© 1969

die Gerechtigkeit justice
der Hippie, der Gammler hippie
der Protest protest
der Protestant protester
der Marsch march
der Friede peace
die Polizei police
der Polizist policeman
das Protestschild protest sign
der Knüppel club
die Uniform uniform
der Zuschauer spectator
die Blume flower
das Haar hair
das Friedenssymbol peace symbol
der Bart beard
die Studenten students
der Hals neck

laufen to run
schreien to yell
protestieren to protest
jagen to chase
stehen to stand
zuschauen to watch
Angst haben to be afraid
verfolgen to pursue

neugierig curious
ängstlich afraid
wütend angry; furious
schnell fast
barfuß barefoot
unschuldig innocent
lang long
böse mean
die Zähne zeigen to show
    one's teeth

2

© 1969

die Gruppe group
die Grimasse grimace

erblicken to see, notice
stehenbleiben to stop
ansehen to look at
nichts tun to do nothing
den Knüppel schwingen
  to swing his club
drohen to threaten

dick thick, fat
dünn thin
erstaunt astonished
friedlich peaceful

3

© 1969

der Kopf head
die Zunge tongue
grosse, weite Augen wide
  open eyes
die Brutalität brutality

zurücklaufen to run back
weglaufen to run away
schlagen to beat
hauen to club
zittern to shake
heraushängen to hang out

hart severely
unverdient undeserved
arm poor

4

das Kopfweh headache	**weiterlaufen** to continue running	**zufrieden** satisfied
der Schädel skull; head	**sitzen** to sit	**froh** happy
der Boden ground	**weh tun** to hurt	**verstört** confused
der Stern star	**lächeln** to smile	**gebrochen** broken
	liegen to lie (on the ground)	

A. *Answer the following questions in simple German sentences. Consult the vocabulary provided with each scene.*

Bild 1

1. Welche Leute sehen Sie auf diesem Bild?

   _____

2. Was tragen die Studenten in der Hand?

   _____

3. Wer verfolgt die Protestanten?

   _____

4. Was tragen die Polizisten in der Hand?

   _____

5. Wer sieht den Studenten und den Polizisten zu?

   _____

6. Was trägt der Gammler im Haar?

   _____

7. Was trägt der Gammler um den Hals?

_____

8. Laufen die Studenten schnell?

_____

9. Sind die Polizisten freundlich?

_____

10. Was steht auf den Protestschildern?

_____

11. Wieviele Studenten sehen Sie auf dem Bild?

_____

Bild 2

1. Wieviele Polizisten verfolgen die Studenten?

_____

2. Was macht der letzte Polizist?

_____

3. Protestiert der Gammler?

_____

4. Hat der Gammler einen Bart?

_____

5. Trägt der Gammler Schuhe?

_____

6. Sind die Polizisten dick oder dünn?

_____

7. Trägt der Polizist ein Protestschild?

_____

8. Was macht der Gammler?

_____

Bild 3

1. Was tut der Polizist mit seinem Knüppel?

_____

2. Ist der Schlag mit dem Knüppel unverdient?

_____

3. Was hängt dem Gammler und dem Polizisten aus dem Mund?

_____

4. Womit schlägt der Polizist dem Gammler über den Kopf?

_____

Bild 4

1. Hat der arme Gammler jetzt Kopfweh?

_____

2. Wo liegt die Blume?

_____

3. Ist der Polizist zufrieden?

_____

4. Sitzt der Polizist auf dem Boden?

_____

5. Ist der Gammler jetzt froh und zufrieden?

_____

6. Sieht der Gammler Sterne?

_____

7. Zeigen diese Bilder Gerechtigkeit oder Brutalität?

_____

WORAUF MAN IN EUROPA STOLZ IST

KURT TUCHOLSKY

Dieser Erdteil ist stolz auf sich, und er kann auch stolz auf sich sein. Man ist stolz in Europa:

Deutscher zu sein

Franzose zu sein

Engländer zu sein

Kein Deutscher zu sein

Kein Franzose zu sein

Kein Engländer zu sein

stolz auf proud of
der Erdteil part of the world

A. *Discuss in English the significance of this poem by relating it to your own feelings as an American.*

ZEITUNGSSATIRE

MADS "Do-It-Yourself" Zeitungs-Protest-Story

In jeder Zeitung liest man heutzutage immer etwas über eine Demonstration. Das wäre nicht so schlimm (*bad*), leider sind es aber immer dieselben (*the same*) Berichte (*reports*). Nun, jetzt können Sie Ihren eigenen (*own*) Demonstrationsartikel schreiben. Lesen Sie unsere Beispiele und Möglichkeiten (*possibilities*) . . . und Sie haben Ihren eigenen Protestbericht.

(Fill in the numbers by choosing an appropriate word or expression from the columns corresponding to the numbered blank spaces for your own protest story. You may want to try this more than once.)

Protestdemonstration

_____1_____ liefen durch die _____2_____ in ____3____, um gegen _____4_____ zu protestieren. Die Demonstration begann, nachdem _____5_____ in aller Öffentlichkeit von _____6_____ _____7_____ wurden. Als die Polizei erschien, wurde sie mit _____8_____ und Rufen wie z. B. _____9_____ begrüßt. Die Polizei antwortete darauf _____10_____. Später brachte das Fernsehen ein Interview mit _____11_____; dieser bat um _____12_____.

1	2	3
Schreiende Studenten	Straßen	Berlin
Schreiende Mädchen	Mädchenschlafzimmer	Chikago
Unterbezahlte Lehrer	stillen Straßen	Bonn
1000 Maoisten	Klassenzimmer	Berkeley
500 Frauen	Kindergärten	Moskau
Zwei kleine Männer	Mensa	Washington

4	5	6
den Krieg in Vietnam	ein bärtiger Mann	Polizisten
das Mensa-Essen	ein junges Mädchen	der CIA
die Ehe	eine Viet-Cong-Flagge	zwei Pfadfindern
die Scheidung	ein Polizist	Professoren
die Wehrpflicht	einige Zeitungsverkäufer	einem Deutschlehrer
die Antibabypille	ein nackter Student	Soldaten

7	8	9
zu Boden geschlagen	Steinen	„Liebe, keinen Krieg!"
geküßt	Obszönitäten	„Krieg, keine Liebe!"
gebissen	Bananen	„Legalisiert Hasch!"
ignoriert	alten Unterhosen	„Moses hatte recht!"
geohrfeigt	Blumen	„Ihr Idioten!"
geärgert	faulen Eiern	„Dem Krieg ein Ende!"

10	11	12
freundlich	Alfred E. Neuman	Ruhe
brutal	einem Demonstranten	Gesetz und Ordnung
nicht	dem Universitätspräsidenten	Verständnis
mit Tränengas	dem Bürgermeister	bessere Noten
völlig idiotisch	einem sterbenden Straßenkehrer	weniger Hausaufgaben
überraschend intelligent	einem Filmstar	mehr Geld

© 1969

DIE SCHWIERIGE DEUTSCHE SPRACHE

schwierig difficult
die Sprache language

Ein Ausländer kommt nach Deutschland. Er will dort studieren und Deutsch lernen. Er findet einen deutschen Freund, und die beiden mieten eine kleine Wohnung in der Stadt. Hier wohnen sie zusammen. Eines Tages sagt der Deutsche zu seinem Freund: „Ich möchte gern einen Kuchen backen und muß deshalb das Mehl wiegen. Leider habe ich keine Waage. Bitte, gehe zu dem Fräulein im nächsten Apartment und bitte sie um eine Waage." ⁵

der Ausländer foreigner   **dort** there
mieten to rent   **klein** small
die Wohnung a place to live
wohnen to live   **zusammen** together
ich möchte I would like
der Kuchen cake   **das Mehl** flour
wiegen to weigh   **die Waage** scale
nächst next   **bitten um** to ask for

Der Ausländer spricht noch nicht gut Deutsch, aber er geht. Nach einigen Minuten kommt er wieder zurück. Er hat ein blaues Auge und eine blutige Nase. ¹⁰

noch nicht not yet
zurückkommen to return
wieder again   **das Auge** eye
blutig bloody

Sein Freund fragt ihn: „Mein Gott, was ist geschehen?" Der Ausländer schüttelt den Kopf, denn er weiß es selbst nicht. Er antwortet: „Ich bin zu dem Fräulein gegangen, habe an die Tür geklopft und sie hat geöffnet." Dann sagte ich: „Bitte, geben Sie mir eine Wiege, ich will etwas wagen." Plötzlich gab sie mir ¹⁵ eine Ohrfeige. „Ich verstehe die deutschen Mädchen nicht."

mein Gott good Lord
geschehen to happen
der Kopf head   **schütteln** to shake
wissen to know   **klopfen** to knock
öffnen to open   **die Wiege** cradle
etwas something   **wagen** to dare;
to attempt   **plötzlich** suddenly
verstehen to understand
die Ohrfeige slap   **wußte** knew

Der deutsche Freund mußte laut lachen. Er wußte, warum der Ausländer so ein Pech gehabt hatte. „Die deutsche Sprache ist manchmal nicht leicht", sagte er ihm. „Ich werde dir alles erklären!" ²⁰

das Pech bad luck
manchmal sometimes
leicht easy
erklären to explain

A. *Complete the following sentences by consulting the story for the correct answers.*

1. Ein Ausländer will in Deutschland _____.

2. Er und ein deutscher Freund mieten _____.

3. Um das Mehl zu wiegen braucht man _____.

4. Einer der beiden Freunde möchte _____ backen.

5. Der Ausländer holt eine Waage von _____.

6. Als er zurückkommt, hat er eine _____ Nase und ein _____ Auge.

7. Der Ausländer schüttelt den Kopf. Er sagt: „Ich kann _____
_____ nicht verstehen."

8. Er bittet das Mädchen nicht um eine Waage, sondern um _____.

37

9. Er sagt nicht, er will etwas wiegen, sondern _____.

10. Der Freund will ihm alles erklären. Die deutsche Sprache ist _____

    _____.

B. *Answer **richtig** or **falsch**.*

_____ 1. Der Ausländer fährt nach Italien.

_____ 2. Er kommt, um zu studieren.

_____ 3. Er mietet ein neues Auto.

_____ 4. Eines Tages will sein Freund einen Kuchen backen.

_____ 5. Er wiegt das Mehl mit seiner Waage.

_____ 6. Der Ausländer bekommt von dem deutschen Mädchen eine Ohrfeige.

_____ 7. Er kann die deutschen Mädchen gut verstehen.

_____ 8. Sein deutscher Freund weint über den Vorfall.

_____ 9. Die deutsche Sprache ist immer leicht zu erlernen.

_____10. Der Ausländer hat mit dem Mädchen Pech gehabt.

C. *Form simple sentences with the word groups given below.*

1. der Ausländer / wollen / Deutsch studieren / in Deutschland.

   _____

2. er / und / sein Freund / wohnen / in / d—— Wohnung.

   _____

3. sie (*plural*) wollen / ein—— Kuchen / backen.

   _____

4. der Freund / können / nicht / verstehen / die deutschen Mädchen.

   _____

5. er / gehen / zu / d—— Fräulein.

   _____

6. er / klopfen / an / d—— Tür.

_____

7. das Mädchen / öffnen / d—— Tür.

_____

8. er / bitten / d—— Fräulein / um / ein—— Waage.

_____

9. die deutsch—— Sprache / sein / sehr / schwer.

_____

10. ich / erklären / mein—— Freund / d—— Fehler.

_____

D. _Answer the following questions in German._

1. Warum kommt der Ausländer nach Deutschland?

_____

2. Wo wohnen die beiden Freunde?

_____

3. Warum geht der Ausländer zu dem Fräulein?

_____

4. Was will der Deutsche backen?

_____

5. Was für einen Fehler macht der Ausländer?

_____

6. Was denkt er jetzt über deutsche Mädchen?

_____

7. Warum hat er eine blutige Nase?

_____

8. Was ist der Unterschied zwischen einer Wiege und einer Waage?

   _____

9. Kann der deutsche Freund dem Ausländer alles erklären?

   _____

10. Ist die deutsche Sprache schwer oder leicht?

   _____

"Oh, Verzeihung! — — Guten Morgen! — — Guten Appetit!"

DAS LEBEN IN EINEM WOHNBLOCK

das Leben life
der Wohnblock apartment building
der Mann husband; man
die Frau wife; woman
in Ohnmacht fallen to faint
das Sofa sofa
die Lampe lamp

das Ehepaar couple
schockiert shocked
seinen Augen nicht trauen können not trust one's eyes
aus dem Fenster schauen to look out the window
das Bild picture
die Wand the wall

der Mann man
am Tisch at the table
am Essen at dinner; eating
überrascht surprised
das Glas glass
das Tischtuch tablecloth

grüßen to greet
den Hut abnehmen to take off one's hat
Verzeihung excuse me
Guten Appetit enjoy your meal
das Gerüstbrett scaffold board
das Seil rope
gebrochen broken
der Fensterputzer window washer
nach unten down(ward)
putzen to clean

A. *Answer the following questions in German.*

Erstes Bild

1. Was sagt der Fensterputzer zu dem ersten Ehepaar?

_____

2. Was hat der Fensterputzer in der Hand?

_____

3. Wohin fällt der Fensterputzer?

_____

4. Ist die Frau in Ohnmacht gefallen?

_____

5. Was für Möbel sehen Sie in dem Zimmer?

_____

Zweites Bild

1. Wie viele Leute sind in dem Zimmer?

_____

2. Was tut das Ehepaar?

_____

3. Was sagt der Fensterputzer zu dem Ehepaar?

_____

4. Was hängt an der Wand des Zimmers?

_____

5. Können die beiden ihren Augen trauen?

_____

Drittes Bild

1. Wie viele Leute sind in dem dritten Bild?

_____

42

2. Mit welchen Worten grüßt der Fensterputzer?

_____

3. Was macht der Mann im Zimmer?

_____

4. Was steht auf dem Tisch im Zimmer?

_____

5. Ist der Mann erstaunt, als er den Fensterputzer sieht?

_____

6. Was für eine Arbeit hat ein Fensterputzer?

_____

B. *Answer* **richtig** *or* **falsch**.

_____1. Ein Fensterputzer repariert Autos.

_____2. In einem Wohnblock leben viele Leute.

_____3. Am Morgen grüßt man mit den Worten „Guten Abend".

_____4. Vor dem Essen sagt man in Deutschland „Guten Appetit".

_____5. Wenn man grüßt, nimmt man den Hut ab.

DER MANN UND DER HUND

In einer kleinen Stadt in Deutschland macht einmal ein Mann einen Spaziergang. Es ist Morgen. Er läuft langsam durch die Straße. Hinter ihm geht ein kleiner Hund. Plötzlich kommt ein Polizist hinter dem Mann her und sagt zu ihm: „Wissen Sie nicht, daß es gegen das Gesetz ist, was Sie tun? Ein Hund muß an der Leine geführt werden!" 5

Der Mann sagt nichts; er geht langsam weiter. Der Hund und der Polizist folgen ihm.

„Hören Sie!" ruft der Polizist, „das ist gegen das Gesetz!" Nun antwortet der Mann: „Aber dieser Hund gehört mir nicht. Also 10 verstoße ich nicht gegen das Gesetz."

„Das kann jeder sagen", ruft der Polizist, „ich glaube das nicht. Der Hund gehört Ihnen, denn er folgt Ihnen gehorsam."

„Aber das ist doch kein Beweis", sagt nun der Mann und lacht, „Sie folgen mir auch!" 15

der Hund dog

klein small   die Stadt town
einmal once
einen Spaziergang machen to take
a walk   der Morgen morning
hinter behind   langsam slowly
laufen to run   der Polizist policeman
wissen to know   gegen against
das Gesetz law   die Leine leash
führen to lead

weitergehen to continue walking
folgen to follow

gehören to belong
verstoßen to go against

jeder anyone   glauben to believe
gehorsam obediently

der Beweis proof
lachen to laugh

A. *Complete the following sentences by providing the correct German translation for the words in parentheses.*

1. Jeden Morgen bei gutem Wetter _____.
   (*I take a walk*)

2. _____ durch die Straße. (*We go*)

3. Der Mann hinter mir geht _____. (*slowly*)

4. _____ stellt mir eine Frage. (*A policeman*)

5. Der Hund _____ dem Mann. (*follows*)

6. Er fragt ihn: „_____?" (*Does the dog belong to you*)

7. „_____", ruft er. (*Anyone can say that*)

8. Der Polizist sagt, er hat den _____. (*proof*)

9. Ich muß über den Vorfall _____. (*to laugh*)

10. Ich wohne im Sommer _____. (*in a small town*)

B. *Answer* ***richtig*** *or* ***falsch.***

_____1. Die kleine Stadt in der Geschichte ist in Frankreich.

_____2. Das Gesetz sagt, ein Hund muß an der Leine geführt werden.

_____3. Der Polizist spricht mit dem Mann.

_____4. Der Polizist denkt, der Hund gehört dem Mann.

_____5. Der Mann lacht über diesen Vorfall.

C. *Answer the following questions in German.*

1. Warum ist der Mann auf der Straße?

   _____

2. Wer geht hinter dem Mann her?

   _____

3. Ist es gegen das Gesetz, einen Hund zu haben?

   _____

4. Warum spricht der Polizist mit dem Mann?

   _____

5. Was muß man mit einem Hund in dieser Stadt tun?

   _____

6. Wer ist intelligenter—der Mann oder der Polizist?

   _____

7. Gehört der Hund dem Mann?

   _____

8. Darf ein Hund in der Stadt frei auf der Straße laufen?

   _____

D. *Form simple sentences with the words given below.*

1. der Hund / gehen / auf / d—— Straße.

   _____

2. der Mann / sagen / nichts.

   _____

3. er / verstoßen / gegen / d—— Gesetz.

   _____

4. der Hund / gehören / d—— Mann / nicht.

   _____

5. er / folgen / d—— Fräulein / langsam.

   _____

KREUZWORTRÄTSEL: 2

Waagerecht

2. *days*
5. preposition
6. *lake*
8. *cat*
12. *off*
13. *food*
16. *name*
17. *ice cream*
18. singular pronoun
19. negative expression
23. preposition
25. *very*
26. masculine accusative article
27. *new*
28. *stupid*

Senkrecht

1. *car*
3. *good*
4. singular pronoun
7. number
8. *camel*
9. coordinating conjunction
10. number
11. see 4 vertical
14. *his* (feminine)
15. indefinite article
20. see 17 horizontal
21. *when*
22. *dog*
24. *earth*
26. singular pronoun

Solution on p. 178.

DER TOTENTANZ

Hans-Peter aus der Schweiz besucht seinen Freund Sepp Schmidt in München. Er ist sehr erstaunt—Sepp ist ganz in Schwarz gekleidet. „Was ist denn passiert?" fragt Hans-Peter. „Etwas ganz Schreckliches", antwortet Sepp mit nassen Augen. „Du kennst meinen Bruder Stefan. Er arbeitet schon jahrelang in einer Gummimatratzenfabrik. Nun, da ist vor einigen Tagen plötzlich ein Feuer ausgebrochen; die Treppen brannten schon, und er konnte nicht vom fünften Stock hinunterlaufen. So lief er nach oben, auf das Dach. Da stand er und schrie um Hilfe, aber man konnte ihm nicht helfen. Na ja, endlich hat man sechs oder sieben Gummimatratzen geholt und legte eine auf die andere. Und dann schrien alle: ‚Spring, Stefan, spring!' Und Stefan sprang herunter . . . und hinauf . . . und herunter . . . und hinauf, herunter, hinauf, herunter, hinauf. . . . Nach drei Tagen haben sie ihn abgeschossen."

die **Schweiz** Switzerland
besuchen to visit   der **Freund** friend
erstaunt surprised   **ganz** completely
gekleidet dressed   **passieren** to happen
etwas Schreckliches something terrible
naß wet   **jahrelang** for years
die **Gummimatratze** rubber mattress
die **Fabrik** factory   **vor einigen**
Tagen a few days ago
ausbrechen to break out
die **Treppen** stairs   **brennen** to burn
der **Stock** story, floor   **laufen** to run
oben upstairs   das **Dach** roof
schreien to yell   die **Hilfe** help
na ja well . . .   **endlich** finally
holen to fetch   **legen** to put
herunter down   **hinauf** up
abschießen to shoot down

A. *Complete the following sentences.*

1. Er kommt _____. (*from Switzerland*)

2. Jeden Sommer besuche ich _____. (*my friend*)

3. Hans-Peter war _____. (*astonished*)

4. Etwas Schreckliches _____. (*has happened*)

5. Stefan arbeitet _____. (*in a factory*)

6. Ich sah Sepp _____. (*a few days ago*)

7. _____ bricht ein Feuer aus. (*Suddenly*)

8. Er wohnt _____. (*on the fifth floor*)

9. Als die Treppen brannten, lief Stefan _____. (*on the roof*)

10. Das Feuer bricht aus; der Mann _____. (*yells for help*)

B. *Answer* **richtig** *or* **falsch.**

_____ 1. Hans-Peter kommt aus Schweden.

_____ 2. Hans-Peter arbeitet in einer Gummimatratze.

_____ 3. Stefan war ein Freund Sepp Schmidts.

_____ 4. In der Fabrik bricht ein Feuer aus.

_____ 5. Stefan kann nicht auf die Straße, weil die Treppen brennen.

_____ 6. Stefan läuft auf das Dach.

_____ 7. Auf dem Dach ruft Stefan um Hilfe.

_____ 8. Stefan springt vom Dach auf die Matratzen.

_____ 9. Sepp Schmidt war ganz in weiß gekleidet.

_____ 10. Stefan wird nach drei Tagen abgeschossen.

C. *Answer the following questions in German.*

1. Woher kommt Hans-Peter?

   _____

2. Wen besucht er?

   _____

3. Wohin fährt Hans-Peter?

   _____

4. Warum ist Hans-Peter erstaunt?

   _____

5. Wo arbeitet Stefan?

   _____

6. Wie lange arbeitet Stefan schon da?

   _____

7. Was passiert in der Fabrik?

   _____

8. Wohin läuft Stefan, als die Treppen brennen?

   _____

9. Wie will man Stefan helfen?

_____

10. Was riefen die Leute auf der Straße?

_____

WEIHNACHT

FRIEDRICH DÜRRENMATT *is a native of Switzerland. He studied theology, philosophy, and German literature at the universities in Bern and Zurich, but then, at a crucial time in his life, he decided to become a writer. He is best known for his dramatic works, although he has also written a number of excellent novels, radio plays, and short stories. Many of his plays, especially* Der Besuch der alten Dame (The Visit), 1956, *and* Die Physiker (The Physicists), 1962, *have met with moderate success in the United States. Perhaps one reason his works have not been as widely accepted here as they have been in Europe is the unrelenting pessimism and frightening grotesqueness of their message. Even when Dürrenmatt employs humor in his writing, it usually turns out to be what the Germans call* **Galgenhumor,** *"gallows humor." The following short story is an incomparable expression of desolation, loneliness, and the despair of modern man.*

Es war Weihnacht. Ich ging über die weite Ebene. Der Schnee war wie Glas. Es war kalt. Die Luft war tot. Keine Bewegung, kein Ton. Der Horizont war rund. Der Himmel schwarz. Die Sterne gestorben. Der Mond gestern zu Grabe getragen. Die Sonne nicht aufgegangen. Ich schrie. Ich hörte mich nicht. Ich 5 schrie wieder. Ich sah einen Körper auf dem Schnee liegen. Es war das Christuskind. Die Glieder weiß und starr. Der Heiligenschein eine gelbe gefrorene Scheibe. Ich nahm das Kind in die Hände. Ich bewegte seine Arme auf und ab. Ich öffnete seine Lider. Es hatte keine Augen. Ich hatte Hunger. Ich aß den Hei- 10 ligenschein. Er schmeckte wie altes Brot. Ich biß ihm den Kopf ab. Alter Marzipan. Ich ging weiter.

die **Weihnacht** Christmas
die **Ebene** plain   die **Luft** air
die **Bewegung** movement
der **Ton** sound   der **Stern, -e** star
der **Mond** moon   **zu Grabe tragen** to bury   **aufgehen** to rise
schreien to scream   der **Körper** body
das **Glied,-er** limb   **starr** stiff
der **Heiligenschein** halo
gefroren frozen   die **Scheibe** disc
bewegen to move   das **Lid, -er** eyelid
schmecken to taste
abbeissen to bite off   **der** or **das Marzipan** marzipan (a type of candy)

A. *Supply the missing words from the preceding short story.*

1. Am fünfundzwanzigsten Dezember feiern wir _____. (*Christmas*)

2. Im Winter haben wir oft viel _____. (*snow*)

3. Die Sterne stehen am _____. (*sky*)

4. In der Nacht scheint _____. (*the moon*)

5. Der Körper im Schnee war _____. (*the Christ child*)

6. Der Körper hatte _____. (*a halo*)

7. Er nahm das Kind _____. (*in his arms*)

8. Der Autor sagt, das Kind hatte _____. (*no eyes*)

9. Der Heiligenschein _____ wie altes Brot. (*tasted*)

10. Nachdem er das Kind findet, _____. (*he goes on walking*)

B. *Answer the following questions in German.*

1. Über welches Fest spricht der Autor?

   _____

2. Wie beschreibt der Autor die Landschaft?

   _____

3. Was war mit dem Mond und der Sonne geschehen?

   _____

4. Was ist die Reaktion des Mannes zu der toten Landschaft?

   _____

5. Was findet er plötzlich?

   _____

6. Beschreiben Sie das Kind, das er findet.

   _____

7. Was findet der Mann, als er das Kind in die Hände nimmt?

   _____

8. Was tut der Mann mit dem Heiligenschein?

   _____

9. Wonach schmecken der Heiligenschein und der Kopf des Kindes?

   _____

10. Was ist Ihre (des Lesers) Reaktion zu dieser Geschichte? (Was will der Autor sagen?)

   _____

C. *Form sentences with the word groups below.*

1. der Mann / gehen / durch / d—— Schnee.

   _____

2. er / hören / kein—— Ton.

   _____

3. die Sterne / sein / sterben / und / der Himmel / sein / schwarz.

   _____

4. der Mann / finden / d—— Kind / in d—— Schnee.

   _____

5. er / ab- beißen / d—— Kind / d—— Kopf.

   _____

FREUDE AM REISEN: 1

Gesagt

als when
fuhren drove
aufregend exciting
wirklich really
gar nicht zu reden not even
mein' mean
sonst otherwise
irren crazy
natürlich naturally

Gesehen

der Junge boy
das Mädchen girl
der Mantel coat
das Haarband hair band
das Halsband necklace
der Pullover sweater
grinsen to grin; to smirk
erzählen (von) to tell; to relate

A. *Answer the following questions in German.*

1. Wo war der Junge?

_____

2. Was ist wirklich aufregend?

_____

3. Wofür schwärmt (*adore, gush over*) das Mädchen?

_____

4. Was hat der Junge am liebsten?

_____

B. *Circle the correct answers to the following questions.*

1. In welchem Lande war der Junge?
   a. In Frankreich.
   b. In der Schweiz.
   c. In Amerika.

2. Wie ist Paris?
   a. Böse.
   b. Aufregend.
   c. Verunreinigt (*polluted*).

3. Was ist der Eifelturm?
   a. Ein Nachtlokal.
   b. Ein großes Ei.
   c. Ein großer Turm.

4. Wovon erzählt der Junge?
   a. Von seiner Reise.
   b. Von seiner Geliebten.
   c. Von seinen Eltern.

5. Worüber grinst der Junge?
   a. Über das Mädchen.
   b. Über den Pullover.
   c. Über die Demonstrationen.

FREUDE AM REISEN: 2

© 1969

Gesagt

im Grunde   basically
der Reisende   traveler
der Botschafter   ambassador
na, schön   well, O.K.
bestell'   order
der Ober   waiter
eine Tasse   a cup
komm schon   come on already!
los   let's go!

Gesehen

das Restaurant   restaurant
die Flugtasche   flight bag
der Tisch   table
kahlköpfig   baldheaded
karierte Jacke   checkered jacket
das Rolldach   awning
die Zigarre   cigar

Getan

trinken   to drink
sitzen   to sit
warten   to wait
rufen   to call
winken *(dative)*   to signal to
schreien   to scream
in Wut   in anger

A. *Answer the following questions in German.*

1. Wer sitzt am Tisch?

_____

2. Was ist im Grunde jeder Reisende?

_____

3. Was will die Frau bestellen?

_____

4. Wer kommt gerade durch die Tür?

_____

5. Was ist auf dem Boden neben dem Mann?

_____

6. Was für eine Jacke trägt der Mann?

_____

7. Was raucht der Mann?

_____

8. Muß der Mann lange warten?

_____

9. Wer kommt nicht?

_____

10. Was schreit der Mann voll Wut?

_____

B. *Circle the correct answers to the following questions.*

1. Was ist im Grunde jeder Reisende?
   a. Ein Botschafter.
   b. Ein Idiot.
   c. Ein Ober.

2. Warum winkt der Reisende dem Ober?
   a. Er flirtet mit ihm.
   b. Er möchte (*would like to*) bezahlen.
   c. Er möchte eine Tasse Tee bestellen.

3. Warum wird der Tourist ärgerlich?
   a. Seine Frau ist dumm und häßlich.
   b. Er ist kahlköpfig.
   c. Er muß lange warten.

4. Wer ist wirklich der Idiot in dieser Geschichte?
   a. Der Ober.
   b. Der Tourist.
   c. Die Frau.

FREUDE AM REISEN: 3

Gesagt

He! hey!
ob if; whether
auf . . . stehst understand (*slang*)
mach' keine Schau don't put me on
sicher certainly; of course
überhaupt really; at all

Gesehen

der Hippie, der Gammler hippie
die Armeejacke army jacket
die Rangstreifen (rank) stripes
die Feldwebelstreifen sergeant stripes
langes Haar long hair
der Federhut hat with a feather
die Gitarre guitar
die Halskette pendant chain
das Friedenssymbol peace symbol
der Bart beard
der Tourist tourist
der Schnurrbart moustache
die Kamera camera
Photos machen to take pictures
die Krawatte tie
fragen (*with accusative*) to ask
antworten (*with dative*) to answer
sich den Kopf kratzen to scratch one's head

A. *Answer the following questions in German.*

1. Was fragt der Gammler den Touristen?

   _____

2. Spricht der Tourist "Hip-Talk"?

   _____

3. Welche Sprache spricht der Mann?

   _____

4. Was trägt der Tourist? (Beschreiben Sie ihn ein bißchen!)

   _____

5. Was trägt der Gammler? (Beschreiben Sie ihn mit ein paar kurzen Sätzen!)

   _____

B. *Circle the correct answers to the following questions.*

1. Was fragt der Hippie?
   a. Ob der Mann Gitarre spielt.
   b. Ob der Mann Deutsch versteht.
   c. Ob er sich den Kopf kratzen kann.

2. Was tut der Hippie mit seiner Gitarre?
   a. Er ißt daraus.
   b. Er macht Photos damit.
   c. Er spielt darauf.

3. Was trägt der Tourist um den Hals?
   a. Eine Krawatte.
   b. Ein Friedenssymbol.
   c. Einen Bart.

4. Spricht der Gammler überhaupt Deutsch?
   a. Ja, aber er spricht lieber "Hip-Talk."
   b. Nein, er ist amerikanischer Student.
   c. Vielleicht, aber er ist Feldwebel und kann nicht logisch sprechen.

5. Warum kratzt sich der Tourist den Kopf?
   a. Er hat Läuse.
   b. Er versteht den Hippie nicht.
   c. Er hat eine Katze unter dem Hut.

FREUDE AM REISEN: 4

Gesagt

he! hey!
das Gepäck luggage
gestohlen stolen
worden been
doch! oh, yes!; on the contrary!
der Ausländer foreigner
trauen *(with dative)* to trust
furchtbar awful
drin in it
der Aschenbecher ashtray
das Handtuch towel
aus from

Gesehen

die Frau woman, wife
der Mann man, husband
der Flughafen airport
der Koffer suitcase
die Flugtasche flight bag
aufgeregt excited
schreien to scream
wütend hopping mad
erstaunt astonished

A. *Answer the following questions in German.*

1. Was ist gestohlen worden?

_____

2. Wo sind diese zwei Leute?

_____

3. Wer hat das Gepäck gestohlen?

_____

4. Was war im Koffer?

_____

5. Wem darf man nicht trauen?

_____

6. Wie fühlt sich die Frau?

_____

7. Wie sieht der Mann im letzten Bild aus?

_____

8. Was für eine Tasche trägt der Mann auf der Schulter?

_____

B. *Circle the correct answers to the following questions.*

1. Warum ist die Frau so wütend?
   a. Sie hat ihren Flug verpaßt.
   b. Der Flughafen ist gestohlen worden.
   c. Das Gepäck ist gestohlen worden.

2. Was war in dem gestohlenen Gepäck?
   a. Ihre zwei Kinder.
   b. Sechs Kilo Marihuana.
   c. Einige Aschenbecher und Handtücher.

3. Wo hat das Ehepaar übernachtet (*spent the night*)?
   a. In einem Hotel.
   b. In einer Flugtasche.
   c. In einem Koffer.

4. Warum ist der Mann so erstaunt?
   a. Weil seine Frau so häßlich ist.
   b. Weil seine Frau Zahnweh hat.
   c. Weil seine Frau etwas gestohlen hat.

5. Was lernt man aus dieser Geschichte?
   a. Daß Touristen immer reich sind.
   b. Daß Touristen immer schreien.
   c. Daß Touristen ab und zu unehrlich sind.

DER DIEB

der Dieb thief

Ein Kaufmann will seinen alten Freund besuchen. Er hat ihn schon lange nicht gesehen, und so macht er eine Reise nach Mühlhausen, wo sein Freund wohnt. Als er in der Stadt ankommt, ruft er ihn an und beschließt, sich mit ihm zu treffen. In einem kleinen Hotel nimmt er ein Zimmer, und später geht er zu seinem Freund.

Die beiden sitzen lange zusammen und erzählen sich Geschichten aus vergangenen Zeiten, als sie noch jung waren und zusammen in die Schule gingen. Es wird spät, und sie werden müde; der gute Wein und das gute Essen machen sie schläfrig. Der Besucher beschließt, in sein Hotel zurückzugehen, weil er am nächsten Morgen früh aufstehen muß.

Draußen ist es schon sehr dunkel; er kann nicht gut sehen, denn es herrscht auch dicker Nebel. Kein Mensch ist auf der Straße; er ist allein, ganz allein. Plötzlich hört er etwas: Fußtritte. Da kommt ein Mann schnell um die Ecke und stößt mit ihm zusammen. Der Fremde entschuldigt sich kurz und geht dann schnell weiter.

Der Kaufmann bleibt stehen. Er ist etwas erschrocken über den Vorfall. „Wie spät ist es denn eigentlich?" fragt er sich und will seine Uhr aus der Tasche nehmen. Aber er kann sie nicht finden! Alle Taschen sind leer. Dann denkt er: „Himmel, der Mann hat mir die Uhr gestohlen. Er ist ein Taschendieb!"

Schnell läuft er hinter dem Mann her. Als er ihn sieht, ruft er laut: „Halt! Geben Sie mir sofort die Uhr!" Der Mann erschrickt sehr, denn der Kaufmann ist wirklich zornig. Er gibt ihm seine Uhr und eilt davon. Der Kaufmann ist zufrieden und geht zurück in sein Hotel.

Als er zu Bett geht, sieht er plötzlich auf dem Tisch neben seinem Bett eine Uhr. Er greift in seine Tasche und findet dort die Uhr des Mannes, von dem er sie genommen hatte.

„Ich bin ein Dieb", denkt er, „der arme Mann!" In dieser Nacht schläft der Kaufmann nicht gut. Er muß immer an den Vorfall denken. Am nächsten Morgen geht er zur Polizei, erzählt alles und verspricht, das nächste Mal nicht so voreilig zu handeln.

der Kaufmann salesman
wohnen to live
ankommen to arrive
anrufen to call
beschließen to decide
5 treffen to meet
später later

zusammen together erzählen to tell
die Geschichte story vergangen past
die Zeit time noch still
müde tired das Essen food
10 schläfrig sleepy der Besucher visitor
zurück back aufstehen to get up
früh early

draußen outside dunkel dark
es herrscht Nebel there is fog
15 der Mensch man der Fußtritt footstep
die Ecke corner zusammen-
  stoßen to collide
sich entschuldigen to ask forgiveness
kurz brief

stehenbleiben to stop
20 erschrocken shaken; scared
eigentlich really die Uhr watch
die Tasche pocket leer empty
Himmel heaven (here: Oh my God . . .)
stehlen to steal
der Taschendieb pickpocket

laufen to run sehen to see
25 rufen to call sofort right away
erschrecken to become scared
wirklich really zornig angry
eilen to hurry zufrieden satisfied

das Bett bed der Tisch table
30 greifen to reach nehmen to take

arm poor der Vorfall incident
die Polizei police
versprechen to promise
das nächste Mal next time
35 voreilig hurriedly
handeln to act

A. *Complete the following statements by circling the correct answer.*

1. Die beiden Freunde treffen sich, und _____.
   a. sie sprechen über die Zeit, als sie noch jung waren
   b. der Kaufmann verkauft dem Freund eine Uhr
   c. der Kaufmann telephoniert
   d. der Freund fragt ihn nach seiner Frau

2. Er kann nicht gut auf der Straße sehen, _____.
   a. denn es ist dunkel und neblig
   b. denn kein Mensch ist zu sehen
   c. weil es regnet
   d. denn er hat keine Brille

3. Die beiden werden müde, denn _____.
   a. sie sprechen zu viel
   b. sie trinken Wein und essen gut
   c. sie haben gut geschlafen
   d. das Wetter ist schlecht

4. Der Mann gibt dem Kaufmann seine Uhr, _____.
   a. da er Angst hat
   b. weil er sich eine neue Uhr kaufen will
   c. um ihm zu helfen
   d. um ihm zu zeigen, wie spät es ist

5. Der Kaufmann geht in dieser Nacht zu Bett und _____.
   a. schläft sehr gut
   b. trinkt ein Glas Wein
   c. liest eine Geschichte
   d. kann schlecht schlafen

B. *Answer the following questions by circling the correct answers.*

1. Warum macht der Kaufmann eine Reise?
   a. Er hat Ferien.
   b. Er möchte einen alten Freund besuchen.
   c. Er will in der Stadt seine Freundin sehen.
   d. Er fährt gern mit dem Zug.

2. Was tut er im Hotel?
   a. Er geht sofort schlafen.
   b. Er wäscht und rasiert sich.
   c. Er nimmt ein Zimmer.
   d. Er hat ein Rendezvous mit seiner Freundin.

3. Was machen die beiden Freunde zusammen?
   a. Sie sprechen über ihre Jugend.
   b. Sie singen alte Volkslieder.
   c. Sie gehen in eine Bar und trinken Bier.
   d. Sie sprechen über Politik.

4. Warum kann der Mann schlecht sehen, als er zum Hotel zurückgeht?
   a. Er ist blind.
   b. Er hat zuviel Bier getrunken.
   c. Es ist dunkel und neblig.
   d. Er ist sehr schläfrig.

5. Was geschieht plötzlich an der Straßenecke?
   a. Er stößt mit einem Auto zusammen.
   b. Er findet nicht die richtige Straße.
   c. Er geht ins falsche Hotel.
   d. Ein Mann stößt mit ihm zusammen.

6. Warum kann er seine Uhr nicht finden?
   a. Sein Freund hat sie gestohlen.
   b. Sie ist in seinem Hotelzimmer.
   c. Er hat sie verloren.
   d. Er hat keine Uhr.

7. Warum gibt ihm der Mann die Uhr?
   a. Er gibt sie ihm, weil er erschrocken ist.
   b. Es ist eine billige Uhr.
   c. Der Kaufmann hat eine Pistole.
   d. Der Kaufmann ist arm, und er wollte ihm helfen.

8. Was passiert im Hotel?
   a. Seine Schwiegermutter telephoniert.
   b. Er findet seine Uhr.
   c. Er trinkt eine Tasse Kaffee.
   d. Sein Freund telephoniert.

9. Warum kann er in der Nacht schlecht schlafen?
   a. Er muß immer an den Vorfall denken.
   b. Er war nicht müde.
   c. Die Polizei kommt und will die Uhr haben.
   d. Das Zimmer ist zu kalt.

10. Warum geht er zur Polizei?
    a. Er will ihnen alles erzählen.
    b. Sein Freund arbeitet dort.
    c. Er verkauft dort seine Uhr.
    d. Die Polizisten sind seine Freunde.

C. *Answer the following questions in German.*

1. Wohin fährt der Kaufmann?

   _____

2. Wer wohnt in dieser Stadt?

   _____

3. Warum werden die beiden Freunde so müde?

   _____

4. Worüber sprechen sie?

   _____

5. Wo wohnt der Kaufmann in Mühlhausen?

   _____

6. Wie ist das Wetter, als er zum Hotel zurückgeht?

   _____

7. Was geschieht an der Straßenecke?

   _____

8. Was bekommt der Kaufmann von dem Mann?

   _____

9. Wie viele Uhren hat er, als er ins Hotelzimmer kommt?

   _____

10. Warum geht er zur Polizei?

    _____

11. Wie heißt *pickpocket* auf deutsch?

    _____

12. Was verspricht der Kaufmann?

    _____

D. *Answer* **richtig** *or* **falsch**.

_____1. Der Kaufmann besucht seine alte Freundin.

_____2. Die beiden Freunde sehen sich oft.

_____3. Der Kaufmann geht allein zum Hotel zurück.

_____4. Er denkt, der Fremde hat seine Uhr gestohlen.

_____5. Er schläft in dieser Nacht nicht gut, denn er hat ein schlechtes Gewissen (*bad conscience*).

DAS ABENDESSEN

das Abendessen supper

„Was gibt's zu essen?" fragt Hans. Leider gibt es wieder Wurst, aber Gott sei Dank ist Wurst in Deutschland besser als in Amerika. In Deutschland dürfen die Kinder auch Bier trinken, denn Bier ist gesund.

es gibt there is; there are
leider unfortunately   die Wurst sausage
Gott sei Dank thank God
gesund healthy

Die Familie sitzt bei Tisch. Der Vater fragt seinen Sohn Hans: „Hast du heute in der Schule etwas gelernt?"—„Ach, nein, Vater! Heute ist Sonntag! Hast du schon wieder vergessen?"

5 Sonntag sunday
vergessen to forget

„Ach ja, das ist wahr", antwortet der Vater verlegen.

Die Mutter hat die Suppe serviert, und jetzt bringt sie die Hauptspeise. Zum Nachtisch wird man Schokoladeneis essen. Aber Anna, die Tochter, will keines essen, denn sie wird zu dick. Sie möchte lieber schlank und schön wie ein Filmstar sein. Sie ißt auch keine Kartoffeln, kein Brot, wenig Fleisch, keinen Nachtisch, und Gemüse hat sie nicht gern. Vielleicht wird sie eines Tages verhungern. Aber trotzdem muß sie den Tisch mit Besteck (Löffel, Gabeln, Messer), mit Tellern, Gläsern und einem Tischtuch decken. Das tut sie auch nicht gern. Am liebsten möchte sie einen reichen Filmstar heiraten, dann wäre sie glücklich.

wahr true; right   verlegen embarrassed
servieren to serve
die Hauptspeise main course
10 der Nachtisch dessert   dick fat
schlank slender   die Kartoffel potato
das Brot bread   das Fleisch meat
das Gemüse vegetables
verhungern to starve
trotzdem in spite of it
15 das Besteck silverware
der Löffel spoon   die Gabel fork
das Messer knife
am liebsten best of all
heiraten to marry   glücklich happy

A. *Answer the following questions in German.*

1. Wann ißt man das Abendessen?

   _____

2. Was sagt man, wenn man nicht weiß, was es zu essen gibt?

   _____

3. Wo ist die Wurst besser—in Deutschland oder in Amerika?

   _____

4. Dürfen Kinder in Deutschland Bier trinken?

   _____

5. Dürfen Kinder in Amerika Bier trinken?

   _____

6. Soll Bier gesund sein?

   _____

7. Geht man am Sonntag auch in die Schule?

   _____

8. Ist Schokoladeneis eine Hauptspeise oder eine Nachspeise?

   _____

9. Macht Schokoladeneis dick?

   _____

10. Muß man verhungern, wenn man nichts ißt?

    _____

11. Was gehört zu einem Tischbesteck?

    _____

12. Gehören Gläser und Teller zu einem Besteck?

    _____

13. Legt man ein Tischtuch auf einen Tisch?

_____

B. *Complete the following statements by circling the appropriate answers from the choices below.*

1. Wenn man wissen will, was es zu essen gibt, fragt man: „_____?"
   a. „Wann beginnt das Drama?"
   b. „Warum bin ich so dick?"
   c. „Was gibt es heute zu essen?"

2. Weil Bier gesund ist, _____.
   a. dürfen es Kinder in Deutschland trinken
   b. darf man es in Amerika nicht trinken
   c. kann man es nicht kaufen

3. An welchem Tag geht man gewöhnlich nicht in die Schule? _____.
   a. am Montag
   b. am Freitag
   c. am Sonntag

4. Wenn man schlank bleiben will, _____.
   a. muß man viel essen
   b. muß man nur Kartoffeln essen und viel Bier trinken
   c. soll man wenig essen

5. Fleisch, Gemüse und Kartoffeln gehören _____.
   a. zur Hauptspeise
   b. zum Nachtisch
   c. zum Besteck

DAS ENDE DER WELT

Es war ungefähr das Jahr 1980. An einem Tag in diesem Jahr fand diese Welt, diese Erde, und damit diese Menschheit ein Ende. Viele Jahre lang hatten die „Supermächte" der Welt versucht, ihre Probleme friedlich zu lösen. Aber man konnte sich nicht einigen, und so begann ein furchtbarer Krieg. Zu Beginn war es nur ein kleiner Guerillakrieg, aber dieser wurde immer größer, und bald war es ein Totalkrieg. Man versuchte nun mit Atomwaffen den Feind zu vernichten. Und so geschah es.

An einem Samstag im Mai des Jahres 1980 lebte scheinbar kein Mensch mehr, so total war der Krieg gewesen. Aber ein Wunder war geschehen. In einer kleinen Stadt in Amerika lebte noch ein Mann. Durch einen Fehler hatte man ihn an diesem Wochenende in einen Banktresor eingeschlossen. Und dieser Tresor hatte einen Mechanismus, der die Tür automatisch am Montag wieder öffnete. Und so geschah es, daß ein Mensch, ein einziger Mensch, am Leben blieb.

Am Montag öffnete sich die schwere Tür und der Mann kam heraus. Er war erstaunt und wunderte sich, daß niemand mehr lebte. Erst später verstand er, daß die Radioaktivität alle Lebewesen getötet hatte und er scheinbar der einzige war, der noch lebte.

Der Mann ist ungefähr vierzig Jahre alt. Er hat schon viele graue Haare und auf seiner Nase sitzt eine Brille mit dicken Gläsern. Ohne seine Brille ist er fast ganz blind. Er weiß, dass er jetzt allein ist. So denkt er nun darüber nach, was er tun könnte. Er liest gern und interessiert sich schon immer für gute Bücher. Er geht also in die Stadtbibliothek, um sich einige Bücher zu holen.

Zuerst nimmt er sich Tolstoys *Krieg und Frieden*, dann auch die Bibel und Miltons *Das Verlorene Paradies*, und schließlich Goethes *Faust*. Er weiß, er hat jetzt viel Zeit; er will viel lesen. Er nimmt die Bücher und will nach Hause gehen. Er beeilt sich; er freut sich sogar, denn diese Bücher sind wie neue Freunde. Jetzt ist er nicht mehr so ganz allein.

Als er aus der Bibliothek kommt, geschieht ein schreckliches Unglück! Er stolpert auf der Treppe—seine Bücher und die Brille fallen auf die Straße; die Gläser der Brille zerbrechen in hundert Stücke.

Und nun ist er verloren. Er kann ohne Brille nicht lesen, er ist so gut wie blind. Er ist ratlos. Was soll er jetzt tun?

ungefähr approximately
die Erde earth   **damit** thereby
die Menschheit mankind
die Macht power   **versuchen** to try
friedlich peacefully   **lösen** to solve
sich einigen to agree
furchtbar terrible   **der Krieg** war
immer größer bigger and bigger
die Waffe weapon   **der Feind** enemy
vernichten to destroy
geschehen to happen

scheinbar apparently
das Wunder miracle   **noch** still
der Fehler mistake
das Wochenende weekend
der Banktresor bank-vault
einschließen to lock in

einzig single; only
am Leben bleiben to stay alive

erstaunt astonished
sich wundern to wonder
erst später only later
das Lebewesen living being
töten to kill

grau gray   **die Nase** nose
sitzen to sit   **die Brille** glasses
das Glas lense, glass
fast ganz almost completely
nachdenken to reflect; to think
könnte could   **sich interessieren für** to be interested in
die Bibliothek library
holen to fetch; to pick up

zuerst at first   **verlieren** to lose
schließlich finally   **die Zeit** time
sich beeilen to hurry
sich freuen to be happy about
sogar even

schrecklich terrible
das Unglück accident; mishap
stolpern to stumble   **die Treppe** stairs
zerbrechen to break   **das Stück** piece

verlieren to lose
so gut wie nearly; as good as
ratlos puzzled; confused

A. *Complete the following statements by circling the appropriate answers.*

1. Der furchtbare Krieg begann im Jahr 1980, _____.
   a. obgleich man nicht genug Bomben hatte
   b. weil man die Probleme der Welt nicht friedlich lösen konnte
   c. weil die „Supermächte" freundlich waren
   d. denn die Menschheit liebte den Frieden

2. Der Mann lebte noch am Montag nach dem Krieg, _____.
   a. weil er in einem Banktresor eingeschlossen war
   b. weil er eine Gasmaske hatte
   c. weil er in einer kleinen Stadt in Amerika lebte
   d. weil er allein sein wollte

3. Der Mann versucht nach dem Krieg etwas zu tun. Er _____.
   a. schreibt ein Buch
   b. geht in eine Bibliothek und holt sich Bücher
   c. arbeitet auf der Bank
   d. will sich gute Musik anhören

4. Die Folgen des Unglücks in der Geschichte sind, _____.
   a. daß er jetzt wieder in den Banktresor gehen möchte
   b. daß er ein Buch über Brillen lesen muß
   c. daß der Mann jetzt blind weiterleben muß
   d. daß er jetzt einen Freund gefunden hat

5. Der Atomkrieg zwischen den Großmächten vernichtete _____.
   a. den Banktresor
   b. die Bibliothek
   c. alle Lebewesen außer dem einen Mann
   d. die Brille des Mannes

B. *Answer richtig or falsch.*

_____ 1. Die Großmächte der Welt beginnen einen Atomkrieg.

_____ 2. Der Krieg beginnt, weil man die Probleme nicht friedlich lösen konnte.

_____ 3. Der Krieg war zuerst nur klein.

_____ 4. Die Welt wurde durch Atomwaffen zerstört.

_____ 5. Der Mann, der noch lebte, war über das Wochenende in einem Banktresor.

_____ 6. Die Tür des Tresors öffnete sich automatisch.

_____ 7. Die Lebewesen wurden durch die Radioaktivität getötet.

_____ 8. Der Mann war schon sehr alt.

_____ 9. Er muß eine Brille tragen, weil er gut sehen kann.

_____10. Wenn man Bücher lesen will, geht man in einen Banktresor.

_____11. Die Brille zerbricht, als sie auf die Straße fällt.

_____12. Am Ende der Geschichte weiß der Mann nicht, was er tun soll.

C. *Complete the following sentences by consulting the story to find the correct German translation for the words in parentheses.*

1. Er lebt in dieser Stadt _____. (*for many years*)

2. Der Krieg wird _____. (*bigger and bigger*)

3. Der Krieg endete _____

   _____. (*on a Saturday in May of 1980*)

4. Der Mann war _____ nicht zu Hause. (*on this weekend*)

5. Die Tür _____ am Montag. (*opened*)

6. Erst später konnte er alles _____. (*understand*)

7. Er wohnt _____ in Amerika. (*in a little town*)

8. Er war in diesem Jahr _____ Jahre alt. (*about forty*)

9. _____ gute Bücher. (*I am interested in*)

10. Nach dem Krieg hat er natürlich _____. (*a lot of time*)

11. Am Abend bin ich immer _____. (*all alone*)

12. Seine Brille _____ in viele kleine Stücke. (*breaks*)

D. *Answer the following questions in German.*

1. Wann beginnt der Atomkrieg?

   _____

2. Warum machen die Länder Krieg?

   _____

3 Wie begann der Atomkrieg?

   _____

4. Was für ein Wunder war geschehen?

_____

5. Wo lebte der Mann?

_____

6. Wo findet man einen Tresor?

_____

7. Wann öffnet sich die Tür des Tresors?

_____

8. Was tötete alle Lebewesen?

_____

9. Beschreiben Sie den Mann!

_____

10. Warum geht er in die Bibliothek?

_____

11. Welche Bücher würden Sie lesen, wenn Sie der Mann wären?

_____

12. Welche Bücher nimmt der Mann aus der Bibliothek?

_____

13. Was für ein Unglück geschieht plötzlich?

_____

14. Warum muß der Mann eine Brille haben?

_____

15. Was würden Sie tun, wenn Sie der Mann wären?

_____

E. *Form complete sentences with the word groups given below.*

1. er / gehen / heute / in / d—— Bibliothek.

_____

2. ich / öffnen / d—— / schwer—— / Tür.

_____

3. er / verstehen / d—— Grund / für / d—— Krieg.

_____

4. ohne / d—— Brille / sein / d—— Mann / blind.

_____

5. er / wollen / heute abend / gut—— Bücher / lesen.

_____

KREUZWORTRÄTSEL: 3

In completing this puzzle, note that ß = ss.

Waagerecht

1. third-person singular imperfect of *to run*
4. *there*
5. first-person singular imperfect of *to take*
8. *inside of*
9. *to do*
10. *on the*
11. state in Germany
13. alcoholic beverage
16. feminine personal pronoun
17. *without*
19. *honor*
22. *human being*
24. *to sing*
28. singular pronoun
29. definite article
30. *never*
31. plural imperfect of *to do*
32. girl's name
33. *day*

Senkrecht

1. *love*
2. preposition
3. *to drive*
4. conjunction *that*
5. *now*
6. preposition
7. *male being*
9. beverage
12. reflexive pronoun
14. dative personal pronoun
15. *hermit*
18. part of body
20. *to eat*
21. preposition
23. *to be*
25. third-person singular present of *to go*
26. nominative personal pronoun
27. preposition
28. indefinite article
30. *well . . .*

Solution on p. 178.

Andy Warhol, *Campbell Soup I*, 1968. Portfolio of ten posters. Silkscreen prints. 35 × 23. Gift of the Friends of the Whitney Museum of American Art.

ANDY WARHOL began his career as a latter-day Dadaist, a "put-on," or pop artist who first gained notoriety with his now-famous pictures of Campbell's Soup cans. Soon he turned his attention to the production of underground movies which, with time, became somewhat of a commercial success. Warhol seems to conceive of himself as a kind of "observation machine," as an extension of the camera or the mechanical eye of the painter whose function it is merely to focus on objects or events without too much prior discrimination or cogitation. As one can gather from the style and content of the following interview with him by Rolf-Ulrich Kaiser, a German student in New York, Andy Warhol assumes that if he has only film, a camera, and a means of transportation, reality will automatically present him with the raw material he needs for his movie. The documentary and spontaneous style of his creations, as viewed in pictures such as *Sleep* (1963), *Vinyl* (1965), and *The Chelsea Girls* (1966), may easily be surmised by reflecting on the blasé and unsophisticated concern for formal art that is expressed in the following interview.

„WAS WIR WIRKLICH BRAUCHEN IST EIN AUTO"

wirklich really
brauchen to need

Ein Interview mit Andy Warhol in seinem New Yorker Studio (Juni 1969)

W Andy Warhol
K Rolf-Ulrich Kaiser
die Fabrik factory

W: Es ist kein Studio, es ist eine Fabrik.

K: Was geschieht hier?

W: Wir sitzen hier herum. Es ist eine Fabrik.

herumsitzen to sit around

K: Wofür?

W: Produktion von Dingen.

das Ding thing
der Raum room

K: Wem gehört dieser Raum?

W: Uns!

K: Wofür brauchen Sie ihn?

W: Es ist unser Warteraum.

K: Für wen?

W: Für jeden, der warten will.

K: Ihr Film *Chelsea Girls* ist im Untergrund sehr bekannt geworden. Und er ist auch außerhalb ein großer Erfolg geworden.

der Untergrund underground
bekannt well known   **außerhalb** outside
der Erfolg success

W: Wir wollen ihn kürzen. Wir wollen eine geschnittene Version herausbringen, sodaß man ihn überall sehen kann.

kürzen to shorten   **schneiden; schnitt;
geschnitten** to cut   **heraus** out
überall everywhere

K: Warum, meinen Sie, hat dieser Film als erster Untergrundfilm solchen Erfolg gehabt?

meinen to believe

W: Ich weiß es nicht. Vielleicht, weil er unterhält.

unterhalten to entertain

K: Haben Sie auf Ihren Erfolg hin Angebote von den grossen Filmgesellschaften erhalten?

der Erfolg success   **das Angebot** offer
die Gesellschaft company; society
erhalten to receive

W: Nein.

K: Würden Sie Angebote annehmen, wenn sie kämen?

annehmen to accept

W: Ja.

K: Können Sie mir eine kurze Selbstbiographie geben?

selbst self
die Selbstbiographie autobiography

W: Nein.

K: Warum nicht?

W: Sie haben „kurz" gesagt.

K: Gut, dann machen Sie es länger.

W: Ich muß erst einmal alles überlegen.—Ich bin halb ein Chero-kee, halb ein Tschechoslowake. Ich gehe jeden Tag zur Arbeit. Gestern sah ich den Film *I, a Woman*. Er ist fantastisch. Haben Sie ihn gesehen? Mögen Sie ihn?

überlegen to think about

K: Ja.—Wann wurden Sie geboren?

W: Fragen Sie mich etwas anderes.

K: Sie waren einer der ersten Untergrund-Filmer. Wie sind Sie dazugekommen?

etwas anderes something else
der Filmer film-maker
dazukommen to get into

W: Ich machte eine Reise nach Kalifornien und kaufte mir dazu eine Kamera. Das ist alles.

K: Dann haben Sie Ihren ersten Film gemacht. Welcher war es?

W: Das war mein erster Film. *Kalifornien.*

86

K: Wann war das?

W: Wohl vier Jahre zurück.

K: Machen Sie Ihre Filme unter Drogeneinfluß?

W: Ja.

K: Warum?

W: Warum? Ich habe nie darüber nachgedacht.

K: Wann haben Sie so zu arbeiten begonnen?

W: Vor zehn Jahren.

K: Also mit den Drogen vor zehn Jahren. Woran arbeiten Sie im Augenblick?

W: Wir arbeiten gerade an zwei Filmen. Der eine ist über den Krieg in Vietnam, und ein Film über die Hippies; und außerdem noch ein Film über LSD.

K: Was geschieht in Ihrem Vietnam-Film?

W: Wir sagen darin nur: da ist ein Krieg.

K: Sie zeigen den Krieg?

W: Ja, wir photographieren die Fernseh-Filme über Vietnam, es ist ein 20-Stunden-Film.

K: Haben Sie einige der neuen deutschen Filme gesehen?

W: Gerade die Sache mit Anita Pallenberg.

K: Wie hat er Ihnen gefallen?

W: Großartig.

K: Warum?

W: Weil ich sie gebrauchen kann.

K: Warum wollen Sie mit ihr einen Film machen?

W: Sie erinnert mich an mein Mädchen. Was wir aber wirklich brauchen ist ein Auto. Irgend jemanden mit einem Auto.

K: Wofür brauchen Sie ein Auto?

W: Von einem Platz zum anderen zu gelangen, um zu filmen. Fahren Sie ein Auto?

zurück back
die Droge drug
der Einfluß influence

der Augenblick moment

gerade just; at the moment

das Fernsehen television

die Sache thing   **Anita Pallenberg**
German underground film actress
großartig marvelous

gebrauchen to use

erinnern to remind
irgend jemand someone

gelangen to get to; to reach

A. *Complete the following sentences.*

1. Dieses Zimmer gehört _____. (*to my brother*)

2. Er fragte mich: „_____?" (*What do you need it for*)

3. Warhol nennt sein Studio _____. (*a factory*)

4. Hier produziert er _____. (*things*)

5. Sein erster Film ist _____ bekannt. (*in the underground*)

6. Dieser Film war _____. (*a great success*)

7. Man kann ihn _____ sehen. (*everywhere*)

8. Warhol glaubt, sein Film will _____. (*to entertain*)

9. Das ist _____ wahr. (*perhaps*)

10. Er hat heute _____erhalten. (*a good offer*)

11. Er _____ alles, bevor er spricht. (*thinks about*)

12. Er denkt, dies ist ___ _____. (*a fantastic film*)

13. Er fragte ihn: „_____?" (*When were you born*)

14. Als er jung war, _____. (*he took a trip*)

15. Er machte seinen ersten Film _____. (*ten years ago*)

16. Er spricht _____. (*about his film*)

17. Man sieht seine Filme nicht _____. (*in American television*)

18. Er sagt: „_____." (*I like this German film*)

19. Anita _____ sein Mädchen. (*reminds him of*)

20. Warhol braucht _____ mit einem Auto. (*someone*)

B. *Answer the following questions in German.*

1. Wer unterhält sich in diesem Dialog?

   _____

2. Wer ist Andy Warhol?

   _____

3. Was ist für Warhol sein Studio?

   _____

4. Wofür ist seiner Meinung nach das Studio da?

   _____

5. Wozu ist ein Warteraum da?

   _____

6. Was war Warhols erster großer Erfolg?

_____

7. Wo wurde dieser Film zuerst bekannt?

_____

8. Warum will Warhol eine geschnittene Version dieses Filmes machen?

_____

9. Warum hat nach Warhol der Film solch großen Erfolg gehabt?

_____

10. Wo machte Warhol seinen ersten Film?

_____

11. Wie hieß sein erster Film?

_____

12. Unter welchem Einfluß dreht Warhol seine Filme?

_____

13. Was für Filme macht er im Augenblick?

_____

14. Wie lang ist der Film über Vietnam?

_____

15. Welche deutsche Schauspielerin gefällt ihm gut?

_____

16. Was will er mit ihr?

_____

17. Warum findet er sie so interessant?

_____

18. Was wünscht sich Warhol?

_____

Read the following selections from the MAD Lesebuch for comprehension and then answer the questions in German. New words are listed in the vocabulary section.

DAS MAD LESEBUCH

1. BIS 3. KLASSE
DIE WOHLSTANDS-GESELLSCHAFT

1. DAS TEURE HAUS

Sieh, das große schöne Haus!
Es ist ein sehr teures Haus.
Der Eigentümer ist ein stolzer Mann.
Stolz ist das einzige, was ihm bleibt.
All sein Geld hat die Bank!
Die Bank nimmt hohe Zinsen.
Die Möbel sind auf Raten gekauft.
Das Auto ist noch nicht bezahlt.
Der Gärtner verlangt sein Geld.
Sieh, da kommt ein Einbrecher!
Armer stolzer Mann!
Hoffentlich ist er versichert.
Spare, spare, spare!

GESTALTUNG: BOB CLARKE   TEXT: STAN HART

2. DIE KLEINEN VERBRECHER

Sieh die kleine Diebin!
Sie knackt Automaten.
Böses kleines Mädchen.
Sieh, wie die Eltern weinen!
Sie sind sehr traurig.
Sie haben ihrer Tochter alles gegeben:
Spielsachen, Taschengeld, Kindermädchen —
Arme Eltern!

Kinder sind oft allein.
Mütter haben wenig Zeit.
Sie haben viel zu tun.
Sie müssen zum Friseur, zur
Schönheitspflege, auf Parties.
Kinder können das nicht verstehen.
Warum nicht?
Arme, unverstandene Mütter!

3. DIE WUNDERKINDER

Sieh, all die Kinder!
Sieh, wie sie spielen!
Sie üben Flöte, sie üben Geige, sie üben Ballett.
Kinder müssen viel lernen!
Fünf Stunden am Tag.
Es sind Wunderkinder!
Sie verdienen schon Geld.
Oh, stolze Eltern!

Diese Kinder dürfen nicht toben.
Diese Kinder dürfen nicht rausgehen.
Diese Kinder dürfen nicht lärmen.
Sie sind Künstler.
Sie treten auf.
Sie haben viele Verehrer.
Sie verdienen viel Geld.
Oh, glückliche Kinder!

4. DIE LEIDIGEN PARTIES

Sieh, die komischen Leute!
Wie sie krampfhaft lustig sind.
Sie machen eine Party.
Die Party ist sehr teuer.
Die Dienstboten und der Koch
kosten viel Geld.
Sieh nur, wie die Erwachsenen feiern!
Sie müssen viel trinken, tanzen und reden.
Das nennen sie Entspannung!
Arme Erwachsene!

Parties sind notwendig!
Man trifft dort viele wichtige Leute.
Man lernt dort viele neue Spiele.
Man sammelt dort viele Erfahrungen.
Wenn du groß bist,
mußt du auch Parties geben!
Finde dich schon jetzt damit ab!

5. DIE SCHEIDUNGEN

Sieh nur, die Eltern lassen sich scheiden!
Scheidungen sind modern.
Sind deine Eltern auch modern?
Frag deine Mutter!
Vielleicht hast du Glück.
Dann wirst du von Mutter und Vater verwöhnt.
Dir werden alle Wünsche erfüllt.
Alle werden dir etwas schenken.
Du kannst tun, was du willst.

Dein Vater nimmt dich dann mit ins Kino.
Du darfst länger fernsehen.
Du darfst essen, was du magst.
Du erhältst reichlich Taschengeld.
Du darfst in den Cirkus gehen.
Darum tue alles,
um deine Eltern auseinander zu bringen!
Es wird nicht leicht sein.
Aber denk an die vielen schönen Dinge!

© 1965

A. *Answer the following questions in German. Consult the foregoing text for help with the vocabulary.*

Bild 1: Das teure Haus

1. Was für ein Haus sehen wir hier?

   _____

2. Was für ein Mann ist der Eigentümer des Hauses?

   _____

3. Was ist das einzige, was ihm bleibt?

   _____

4. Warum ist Stolz das einzige, was ihm bleibt?

   _____

5. Wer bekommt hohe Zinsen?

   _____

6. Wo hat der Mann sein Geld?

   _____

7. Wie hat der Mann seine Möbel und sein Auto gekauft?

   _____

8. Ist der Mann reich?

   _____

9. Was möchte der Gärtner von dem Mann?

   _____

10. Wer kommt zu dem Mann?

   _____

Bild 2: Die kleinen Verbrecher

1. Wer sind hier die „kleinen Verbrecher"?

   _____

2. Wo sind die Eltern und das Kind?

   _____

3. Warum ist das Mädchen böse?

   _____

4. Was tun die Eltern?

   _____

5. Was haben die Eltern ihrer Tochter gegeben?

   _____

6. Hat das Kind von den Eltern Geld bekommen?

   _____

7. Warum haben Mütter wenig Zeit?

   _____

8. Wohin müssen die Eltern immer gehen?

   _____

9. Werden die Mütter verstanden?

   _____

10. Können die Kinder ihre Mütter verstehen?

   _____

Bild 3: Die Wunderkinder

1. Was machen die Kinder?

   _____

2. Was müssen die Wunderkinder üben?

   _____

3. Müssen sie viel lernen?

   _____

4. Wie viele Stunden am Tag müssen die Kinder lernen?

   _____

5. Was verdienen die Kinder?

   _____

6. Was dürfen die Kinder nicht tun?

   _____

7. Haben die Kinder viele Verehrer?

   _____

8. Sind diese Wunderkinder unglücklich?

   _____

9. Sind diese Kinder alt oder jung?

   _____

10. Welche Instrumente spielen die Kinder?

   _____

Bild 4: Die leidigen Parties

1. Was für Leute sind auf der Party?

   _____

2. Ist diese Party sehr teuer?

   _____

3. Was kostet auf der Party viel Geld?

   _____

4. Was tun die Erwachsenen auf der Party?

   _____

5. Was nennen die Erwachsenen „Entspannung"?

   _____

6. Warum sind Parties notwendig?

   _____

7. Was kann man auf Parties lernen?

   _____

8. Was darf man auch tun, wenn man groß ist?

   _____

9. Kann man auf der Party trinken?

   _____

10. Kann man auf einer Party viele wichtige Leute treffen?

    _____

Bild 5: Die Scheidungen

1. Wer läßt sich scheiden?

_____

2. Sind Scheidungen heute modern?

_____

3. Wen soll man wegen einer Scheidung fragen?

_____

4. Was geschieht, wenn man bei Eltern Glück hat?

_____

5. Darf man tun, was man will, wenn man verwöhnt wird?

_____

6. Was darf das Kind bei einer Scheidung tun?

_____

7. Was soll ein Kind tun, um alles zu bekommen?

_____

8. Wird es leicht sein, die Eltern auseinander zu bringen?

_____

9. Woran soll das Kind denken?

_____

10. Kann sich ein Kind von den Eltern scheiden lassen?

_____

LIED: SAGT MIR, WO DIE BLUMEN SIND

The following song became very popular under the title "Where Have All the Flowers Gone?"
The German version was recorded by Joan Baez and Marlene Dietrich.

Sagt mir, wo die Blumen sind;
Wo sind sie geblieben?
Sagt mir, wo die Blumen sind;
Was ist geschehn?
Sagt mir, wo die Blumen sind;   5
Mädchen pflückten sie geschwind;
Wann wird man je verstehn?
Wann wird man je verstehn?

Sagt mir, wo die Mädchen sind;
Wo sind sie geblieben?   10
Sagt mir, wo die Mädchen sind;
Was ist geschehn?
Sagt mir wo die Mädchen sind;
Männer nahmen sie geschwind;
Wann wird man je verstehn?   15
Wann wird man je verstehn?

Sagt mir, wo die Männer sind;
Wo sind sie geblieben?
Sagt mir, wo die Männer sind;
Was ist geschehn?   20
Sagt mir, wo die Männer sind;
Zogen fort, der Krieg beginnt;
Wann wird man je verstehn?
Wann wird man je verstehn?

Und sagt, wo die Soldaten sind;   25
Wo sind sie geblieben?
Und sagt, wo die Soldaten sind;
Was ist geschehn?
Sagt, wo die Soldaten sind;
Über Gräbern weht der Wind;   30
Wann wird man je verstehn?
Wann wird man je verstehn?

Sagt mir, wo die Gräber sind;
Wo sind sie geblieben?
Sagt mir, wo die Gräber sind;   35
Was ist geschehn?

Sagt mir, wo die Gräber sind;
Blumen blühn im Sommerwind;
Wann wird man je verstehn?
Wann wird man je verstehn?

Und sagt mir, wo die Blumen sind;   5
Wo sind sie geblieben?
Sagt mir, wo die Blumen sind;
Was ist geschehn?
Sagt mir, wo die Blumen sind;
Mädchen pflückten sie geschwind;   10
Wann wird man je verstehn?
Wann wird man je verstehn?

A. *Answer the following questions in German.*

1. Worüber spricht dieses Lied?

_____

2. Wer hat die Blumen gepflückt?

_____

3. Wohin sind die Männer gegangen?

_____

4. Warum mußten die Männer fort?

_____

5. Was ist mit den Soldaten geschehen?

_____

6. Was blüht im Sommerwind?

_____

7. Wo weht der Wind?

_____

DER NEUE WAGEN

Herr Holzkopf hat endlich einen neuen Wagen gekauft. Er wohnt in Stuttgart, und eines Tages trifft er einen alten Bekannten. Er erzählt ihm von seinem neuen Auto: „Es ist ein funkelnagelneuer Mercedes 250SE, hellblau, mit Servolenkung, Servobremsen, automatischem Getriebe und Klimaanlage. Ein wunderbares Fahrzeug!"

„Aber Herr Holzkopf, wenn Sie so einen schönen Wagen haben, warum fahren Sie dann mit der Straßenbahn?" fragt ihn der Bekannte.

„Ja, wissen Sie", antwortet Herr Holzkopf, „bei dem Verkehr heutzutage in Stuttgart ist es viel schneller und bequemer mit der Bahn zu fahren."

„Und steht ihr Wagen dann den ganzen Tag in der Garage?" fragt ihn der Mann.

„Nein, natürlich nicht", erwidert Herr Holzkopf, „der Wagen steht noch im Schaufenster."

„Im Schaufenster!" sagt der Freund erstaunt. „Warum denn?"

„Ja, wissen Sie denn nicht? So einen guten Parkplatz im Stadtzentrum, nahe bei meiner Arbeit, bekomme ich nie wieder!"

endlich finally
der Bekannte acquaintance
treffen to meet   funkelnageineu brand new   hellblau light blue
die Servolenkung power steering
die Bremsen brakes
5 das Getriebe transmission
die Klimaanlage air-conditioning
das Fahrzeug vehicle

die Straßenbahn streetcar

10 der Verkehr traffic
heutzutage these days
bequem comfortable

natürlich of course   erwidern to reply
15 das Schaufenster display window

das Stadtzentrum city center

A. *Complete the following sentences.*

1. Ich kaufe mir _____. (*the new car*)

2. _____ traf ich einen alten Freund. (*one day*)

3. Er kauft sich ein _____. (*brand new car*)

4. Jeden Morgen fährt er _____ zur Arbeit. (*by streetcar*)

5. Mein Wagen steht _____. (*in my garage*)

6. _____ wohnt in Frankfurt. (*my old friend*)

7. Dieser Wagen ist _____. (*faster and more comfortable*)

8. Er muß _____ arbeiten. (*the whole day*)

B. *Answer **richtig** or **falsch**.*

_____ 1. Herrn Holzkopfs Freund hat sich einen neuen Wagen gekauft.

_____ 2. Herr Holzkopf wohnt in einer Stadt bei Stuttgart.

_____ 3. Herrn Holzkopfs Mercedes ist ein alter Wagen.

_____ 4. Er fährt mit dem Wagen jeden Tag in die Stadt.

_____ 5. Herr Holzkopf parkt den Mercedes in seiner Garage.

_____ 6. Der neue Wagen wird nie gefahren; er steht immer im Schaufenster.

_____ 7. Der Freund ist erstaunt, daß Herr Holzkopf den Wagen nie fährt.

_____ 8. Das Schaufenster, worin der Wagen steht, ist in der Mitte der Stadt.

_____ 9. Herr Holzkopf parkt im Schaufenster, weil es ein guter Parkplatz ist.

_____10. Der Verkehr soll in Stuttgart sehr schlimm sein.

C. *Answer the following questions in German.*

1. Was für ein Auto kauft sich Herr Holzkopf?

_____

2. Wen trifft er in der Stadt?

_____

3. Womit fährt Herr Holzkopf zur Arbeit?

_____

4. Warum fährt er nicht mit seinem Auto?

_____

5. Wo parkt er seinen neuen Wagen?

_____

6. Warum ist dieser Parkplatz so gut?

_____

7. Warum fährt Herr Holzkopf mit der Bahn?

_____

8. Steht Herrn Holzkopfs Wagen in seiner Garage?

_____

D. *In a short essay describe the following street scene by drawing on the vocabulary of the foregoing selection.*

SO ANTWORTET MAD AUF DUMME FRAGEN

gezeichnet und geschrieben: Al Jaffee

Werden Sie immer von Leuten belästigt (*bothered*), die dumme Fragen stellen? Viele Fragen sind oft unnötig (*unnecessary*). Wir empfehlen (*recommend*) Ihnen, daß Sie nie auf dumme und unnötige Fragen antworten. Geben Sie lieber eine sarkastische Antwort! Versuchen (*try*) Sie es! Sie können es! Sie brauchen (*need*) nur etwas Sinn für Humor (*sense of humor*) und ein bißchen Mut (*courage*). Verstehen Sie uns? Also gut.

Sehen Sie sich die folgenden (*following*) Situationen an, und lernen Sie unsere Antworten auswendig (*by heart*). Dann schreiben Sie eine passende (*fitting*), beißende (*biting*) Antwort in das freie Feld (*empty space*). Üben Sie fleißig! Bald finden auch Sie die besten Antworten selbst und überraschen (*surprise*) Ihre Freunde mit Ihrer Schlagfertigkeit (*quick wit*).

der Unfall accident
bremsen to brake

üben to practice
der Schrottplatz junkyard

106

verletzt   hurt
die Bewegung   exercise
verordnen   to prescribe

die Schlange   line; *also:* snake
der Rücken   back
nach vorn   to the front; forward
Wie kommen Sie darauf?   How did you guess?;
   How did you get that idea?
der Schnellzug   express train
Basel   town in Switzerland
der Gepäckwagen   baggage car

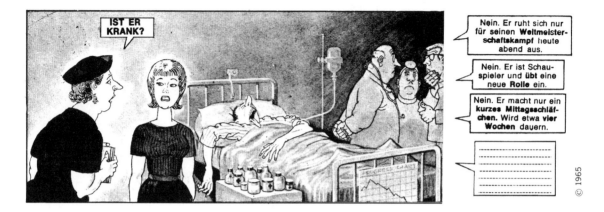

krank   sick
sich ausruhen   to rest up
der Weltmeisterschaftskampf   world championship fight
der Schauspieler   actor
einüben   to study; to practice
das Mittagsschläfchen   afternoon nap
dauern   to last

draußen   outside
die Abkürzung   shortcut
die Kanalisation   sewer
die Kleidung   clothing
schwitzen   to sweat

aufwärts up
ausnahmsweise for a change
seitwärts sideways
abwärts down
die Telefonzelle telephone booth
ausprobieren to try out
hineinpassen to fit in

die Liebesklippe lover's leap
mit der Zeit in time; as time goes on
Wie kommst du darauf How did you get that idea?

der Einarmige   one-armed man
Schneewittchen   Snow White

Liebling   darling
eine Sitzung   session; meeting
der Freikörperkulturverein   nudist bathing association
der Teppich   rug
schmutzig   dirty
die Laienspielgruppe   amateur actors' group
der Handlungsreisende   salesman

der Fischverkäufer   fish salesman
aussehen   to look like; to seem
riechen   to smell
verfault   rotten

DAS TESTAMENT

In einer kleinen Stadt im Lande Arabien wohnt ein Araber mit seinen drei Söhnen. Dieser Mann ist schon sehr alt und weiß, daß er bald sterben wird. Er hat nicht viel Geld; sein ganzer Reichtum besteht aus siebzehn Kamelen. Vor seinem Tod macht er noch schnell sein letztes Testament. Er schreibt: „Meinem ältesten Sohn gebe ich die Hälfte meines Vermögens, meinem zweiten Sohn ein Drittel, und mein jüngster Sohn bekommt ein Neuntel." Der Vater lebt noch ungefähr ein Jahr und stirbt dann —zufrieden, daß er seinen Besitz gerecht aufgeteilt hat.

Die drei Söhne begraben den Vater und öffnen einige Tage später das Testament, nach dem Willen des Vaters. Aber nun stehen die drei vor einem Dilemma: Wie können sie siebzehn Kamele so teilen, wie es der Vater gewollt hatte? Wie kann zum Beispiel der älteste Sohn die Hälfte von siebzehn Kamelen nehmen? Und der zweite Sohn ein Drittel davon? Und wie kann der jüngste ein Neuntel bekommen? Die drei Brüder sind sehr verwirrt; sie wissen nicht, was sie tun sollen.

Sie setzen sich vor ihr Haus und denken nach. Sie treffen hier einen alten, weisen Mann. Er reitet auf einem Kamel und hält vor den Söhnen.

„Was ist los mit euch?" fragt er, „warum seid ihr so traurig? Kann ich vielleicht helfen? Nun, heraus damit!"

Und so erzählen ihm die drei Söhne ihr Problem und geben zu, daß sie nicht wissen, was sie tun sollten. Der Weise denkt eine Minute scharf nach und nickt dann mit dem Kopf. „Das ist eigentlich gar kein so großes Problem", sagt er. „Ja, das ist ganz einfach."

„Aber wie, wie?" fragen neugierig die Söhne. „Seht ihr mein Kamel dort?" fragt der Mann. „Nehmt es und stellt es zu euren siebzehn Kamelen. Damit habt ihr achtzehn im Ganzen. Nun geht und teilt euer Vermögen nach dem Willen eures Vaters und bringt mir was übrigbleibt."

Die drei Brüder sind erstaunt, aber sie tun alles. Der älteste Sohn nimmt die Hälfte—das sind neun Kamele. Der zweite nimmt ein Drittel—also sechs Kamele. Dem jüngsten Sohn gehört ein Neuntel—das sind zwei Kamele. Neun plus sechs plus zwei macht zusammen siebzehn. Ein Kamel bleibt übrig.

Arabien Arabia   **der Sohn** son
sterben to die   **das Geld** money
der Reichtum wealth   **bestehen aus** to consist of   **das Kamel** camel
der Tod death   **ein Drittel** a third
das Vermögen possessions
die Hälfte half   **das Neuntel** one-ninth
zufrieden satisfied
der Besitz possessions
gerecht justly   **aufteilen** to divide

begraben to bury
nach according to
der Wille will; desire
zum Beispiel for example
nehmen to take
bekommen to receive
verwirrt confused

treffen to meet   **weise** wise
reiten to ride   **halten** to stop

was ist los what's the matter; what's up
traurig sad   **vielleicht** perhaps
heraus damit out with it

zugeben to admit
nicken to nod
eigentlich actually
einfach simple

neugierig inquisitively
nehmen to take
stellen to put; to place
im Ganzen altogether
übrigbleiben to remain

erstaunt astonished

gehören to belong

Der weise, alte Mann setzt sich auf dieses Tier und reitet langsam weiter, nachdem ihm die Brüder für seine Hilfe gedankt haben. Die Söhne haben das Vermögen ihres Vaters nach seinem letzten Willen geteilt, und der weise Mann hat immer noch ein Kamel. Das Problem ist gelöst.

das Tier beast; animal
weiterreiten to ride on
nachdem after

5 **lösen** to solve

A. *Complete the following sentences by selecting the correct multiple-choice statement.*

1. Der Vater der drei Söhne schrieb ins Testament, wie die Kamele geteilt werden sollten, denn _____.
   a. seine Söhne wollten heiraten
   b. er wußte, daß er nicht mehr lange leben würde
   c. er wollte seine Söhne unglücklich machen
   d. er war sehr reich

2. Die Söhne konnten die Kamele nicht teilen, _____.
   a. weil sie zu intelligent waren
   b. denn sie hatten zu viele Kamele
   c. denn sie hatten ein Kamel zu wenig
   d. weil der Vater im Testament einen Fehler gemacht hatte

3. Nach dem Testament des Vaters sollte _____.
   a. der jüngste Sohn mehr bekommen als die anderen
   b. der älteste Sohn die meisten Kamele bekommen
   c. der zweite Sohn mehr als der älteste erhalten
   d. keiner etwas bekommen, weil er nur siebzehn Kamele hatte

4. Der weise Mann fand eine Antwort und löste somit das Problem, indem er _____.
   a. den Söhnen ein Kamel wegnahm
   b. mit Hilfe der Mathematik die richtige Lösung fand
   c. dem Vater sein Kamel gab
   d. sein Kamel an die Söhne verkaufte

5. Am Ende der Geschichte kann man sagen, daß _____.
   a. die Söhne weniger bekommen haben, als der Vater wollte
   b. der weise Mann ein Schwindler war
   c. die Söhne ein Kamel verloren haben
   d. alles richtig geteilt wurde

B. *Answer richtig or falsch.*

_____ 1. Der Vater hat kein großes Vermögen.

_____ 2. Der Vater verkauft die Kamele.

_____ 3. Der Vater schreibt ein Buch.

_____ 4. Der jüngste Sohn bekommt mehr als der älteste Sohn.

_____ 5. Der zweite Sohn bekommt nichts.

_____ 6. Der weise Mann weiß keine Antwort auf das Problem.

_____ 7. Der weise Mann löst das Problem mit Hilfe der Mathematik.

_____ 8. Der weise Mann bekommt ein Kamel für seine Dienste.

_____ 9. Die Söhne sind nicht so intelligent wie der Mann.

_____10. Die Söhne danken ihm nicht, denn sie sind böse auf ihn.

C. _Answer the following questions in German._

1. In welchem Land wohnen die Söhne und ihr Vater?

_____

2. Warum stehen die Söhne vor einem Dilemma?

_____

3. Wem begegnen die Söhne vor ihrem Haus?

_____

4. Wie viele Kamele bekommt jeder Sohn am Ende der Geschichte?

_____

5. Sind alle zufrieden mit der Lösung des Problems?

_____

6. Warum schreibt der Vater ein Testament?

_____

7. Wer bekommt die meisten Kamele?

_____

8. Wer bekommt die wenigsten Kamele?

_____

9. Was macht der weise Mann am Ende der Geschichte?

_____

10. Ist der Vater der Söhne ein reicher Mann?

_____

D. *Complete the following sentences.*

1. Der Vater wohnt _____. (*in the city*)

2. Der Sohn ist _____. (*not very old*)

3. Er besitzt _____. (*seventeen camels*)

4. Sie tun alles _____ ihres Vaters. (*according to the will*)

5. Die drei wollen das Vermögen _____. (*divide*)

6. Der jüngste Sohn soll ein Neuntel _____. (*receive*)

7. Sie treffen _____. (*an old, wise man*)

8. Die Brüder sitzen _____. (*in front of the house*)

9. Der Mann nickt mit _____. (*his head*)

10. Als sie das hören, sind sie _____. (*very astonished*)

116

KREUZWORTRÄTSEL: 4

Waagerecht

2. *young*
6. plural pronoun
7. famous German beverage
8. abbreviation for *Anno Domini*
9. *hole*
10. Latin word for *I* (**ich**)
11. exclamation of surprise
13. *mother*
14. girl's name
15. *name*
18. see 13 vertical
19. third-person singular of *to be*

Senkrecht

1. mythological woman (the girl friend of Aeneas)
3. *submarine* (short form)
4. negative particle
5. familiar imperative *Go!*
6. *car*
12. *woman*
13. *man; male*
14. *poor*
16. *do, re, _____*
17. singular pronoun

Solution on p. 178.

Read the following for comprehension and then answer the questions. Vocabulary accompanies this selection.

Bild 1:

verfolgen   to pursue
der Befehl   order
ZETA-Intelligenzen   a secret organization

Bild 2:

herabtauchen   to dive down
die Untertasse   saucer
ansaugen   to suck up
die Kraft   power

Bild 3:

das Kraftfeld   force field
sanft   softly
sachte   gently
unwiderstehlich   irresistible
die Gewalt   force
das unbekannte Flug-Objekt
   unidentified flying object

Bild 4:

chiffriert   coded
na   well (*exclamation*)
Donner . . . (wetter!)
   well, I'll be . . .
der Überfall   raid; attack

Bild 5:

ein Begriff sein   be well known
die Juwelenausstellung   jewelry exhibit

Bild 6:

erreichen   to reach
kaltblütig   boldly
aussteigen   to get out
der Stab   stick; rod
aufheben   to neutralize; to eliminate
die Schwerkraft   gravity
in Fühlung bleiben   to stay in close touch

Bild 7:

der Thermostrahler   thermal ray gun
schmelzen   to melt
das Gitter   window bars
die Waffe   weapon

Bild 8:

die Wache   guard
überwältigen   to overpower

Bild 9:

tödlich   deadly
einatmen   to breathe in
sein Lebenslicht ausblasen
   to die (*figure of speech*)
schaffen   to manage; to do

Bild 10:

runter   down
gefährden   to endanger

Bild 11:

einsetzen to put into action
erstmals for the first time
die Aktivatoren activators
der Fußring foot band
absorbieren to absorb
steuern to steer

Bild 12:

gespenstisch ghostly; mysterious
der Anblick view
klirren to rattle
wanken to wobble
die Rüstung suit of armor
lebendig alive

Bild 13:

raus out
rasch quickly

Bild 14:

überwinden to overpower
allerdings to be sure; of course
die Flucht escape
ausfallen to be cancelled

Bild 15:

in sich haben to be powerful
abschneiden to cut off
der Fluchtweg road of escape
der Schreck fright; fear
emporstarren to stare upward

Bild 16:

inzwischen in the meantime
per with; by
der Funk radio
Alarm schlagen to sound the alarm
die Falle trap

Bild 17:

gelähmt paralyzed
der Schreck fright; fear
emporstarren to stare upward

Bild 18:

eine Brise Schlaf a bit of sleep
verdienen to earn
genau exactly
der Chef boss, chief
das Gitter bars
erhalten to receive
der Urwald jungle

A. *Answer the following questions about the scenes you have just read.*

1. Wer sind Major Grant und Boffin?

   _____

2. Worin fliegen die beiden?

   _____

3. Für wen arbeiten die zwei?

   _____

4. Wer ist der Feind von ZETA?

   _____

5. Kennen Major Grant und Boffin den Code von ANTITRUST?

   _____

6. Was für einen Brief finden sie bei dem Agenten?

   _____

7. Was lesen sie in diesem Brief über die Pläne von ANTITRUST?

   _____

8. Was geschieht auf Torry-Castle?

   _____

9. Welche Waffen hat Major Grant?

   _____

10. Wer gewinnt den Kampf zwischen ANTITRUST und ZETA?

   _____

BRIEFLICH MITGETEILT*

Es kann ja vorkommen, daß Sie eines Tages einen Brief auf deutsch schreiben wollen. Wir geben deshalb die folgenden Musterbriefe als Beispiele, die Sie mit unserer Erlaubnis nachahmen dürfen (wenn Sie den Mut dazu haben). Wenn man einen Brief in deutscher Sprache schreiben will, muß man vor allem den Titel und Rang des Empfängers beachten!

1. An den Bundespräsidenten persönlich

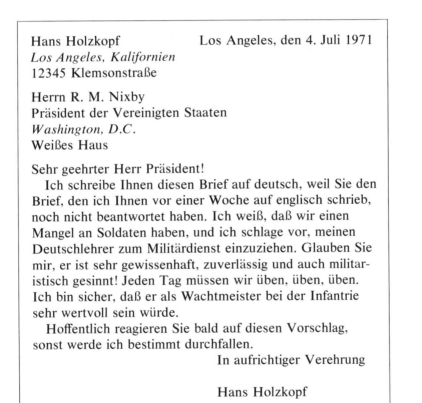

Hans Holzkopf   Los Angeles, den 4. Juli 1971
Los Angeles, Kalifornien
12345 Klemsonstraße

Herrn R. M. Nixby
Präsident der Vereinigten Staaten
Washington, D.C.
Weißes Haus

Sehr geehrter Herr Präsident!
   Ich schreibe Ihnen diesen Brief auf deutsch, weil Sie den Brief, den ich Ihnen vor einer Woche auf englisch schrieb, noch nicht beantwortet haben. Ich weiß, daß wir einen Mangel an Soldaten haben, und ich schlage vor, meinen Deutschlehrer zum Militärdienst einzuziehen. Glauben Sie mir, er ist sehr gewissenhaft, zuverlässig und auch militaristisch gesinnt! Jeden Tag müssen wir üben, üben, üben. Ich bin sicher, daß er als Wachtmeister bei der Infantrie sehr wertvoll sein würde.
   Hoffentlich reagieren Sie bald auf diesen Vorschlag, sonst werde ich bestimmt durchfallen.
               In aufrichtiger Verehrung

               Hans Holzkopf

---

* New words are listed in the Vocabulary section.

A. *Answer the following questions in German.*

1. Wie heißt der Präsident?

   _____

2. Was soll man mit dem Deutschlehrer machen?

   _____

3. Was für ein Mann ist der Deutschlehrer?

   _____

4. Was müssen die Studenten jeden Tag tun?

   _____

5. Was soll der Deutschlehrer werden?

   _____

6. Was wird geschehen, wenn der Präsident nicht auf diesen Vorschlag eingeht (*accepts*)?

   _____

7. Was würden Sie in diesem Fall tun, wenn (*if*) Sie Präsident Nixby wären (*were*)?

   _____

8. Was würden (*would*) Sie als Deutschlehrer tun, wenn Ihre Studenten solche Briefe schrieben?

   _____

B. *Complete the following sentences with the most appropriate phrase.*

1. Der Autor dieses Briefes glaubt, daß _____

   _____.
   a. es kein Bier auf Hawaii gibt
   b. der Präsident Deutsch besser als Englisch lesen kann
   c. er zu intelligent ist, durchzufallen
   d. Briefmarken heutzutage zu teuer sind

2. Der Präsident hat den letzten Brief von Hans Holzkopf nicht _____.
   a. beantwortet
   b. geschrieben

126

c. bekommen
d. gegessen

3. Hans Holzkopf weiß, daß wir _____

   _____.

   a einen Mangel an Präsidenten haben
   b. einen Mangel an guten Noten haben
   c. einen Mangel an Deutschlehrern haben
   d. einen Mangel an Soldaten haben

4. Der Deutschlehrer ist _____.
   a. gewissenlos
   b. gewissenhaft
   c. allwissend
   d. unbewußt

5. Jeden Tag müssen die Deutschstudenten _____.
   a. Bier trinken
   b. Spaghetti essen
   c. Deutsch üben
   d. Briefe schreiben

6. Der Deutschlehrer sollte _____ bei der Armee sein.
   a. gewöhnlicher Soldat
   b. Wachtmeister
   c. Schäferhund
   d. General

7. Wenn der Präsident nicht bald auf den Vorschlag reagiert, wird Hans Holzkopf _____

   _____.

   a. Deutschlehrer werden
   b. sein Deutschstudium aufgeben
   c. durchfallen
   d. Selbstmord begehen

2. An den Bürgermeister der Stadt

Willi Sauerberg   Neu York, den 1. Januar 1972
Neu York, Neu York
6789 Schreistraße
Manhattan

Herrn Y. X. Lindesagen
Oberbürgermeister der Stadt Neu York
Neu York, Neu York
Rathaus

Sehr verehrter Herr Lindesagen!

   Ich muß mich leider beschweren, daß in der letzten Zeit
die Untergrundbahn viel zu schmutzig ist. Da ich deutscher
Abstammung bin und viel Wert auf Reinlichkeit lege, bin
ich besonders enttäuscht, daß die Wagen nicht oft genug
aufgeräumt und gereinigt werden. Ich beklage mich nicht
nur über die Flaschen, Zeitungen, Zigarettenschachteln
und die Leute, die täglich auf dem Boden liegen, sondern
auch über den Staub, den man mindestens einmal im Jahr
entfernen sollte. Ich bitte Sie, die nötigen Schritte zu
unternehmen.

                           Ihr sehr ergebener

                           Willi Sauerberg

A. *Answer the following questions in German.*

1. Wer ist der Oberbürgermeister der Stadt Neu York?

   _____

2. Welches Datum hat man auf diesen Brief geschrieben?

   _____

3. Worüber muß sich der Verfasser des Briefes beschweren?

   _____

4. Was sieht man auf den Böden der U-Bahnwagen?

   _____

5. Was stört Herrn Sauerberg am meisten?

   _____

6. Wie würden Sie als Bürgermeister auf diesen Brief antworten?

   _____

7. Haben Sie jemals Flaschen, Zeitungen oder Zigarettenstummel weggeworfen?

   _____

B. *Complete the following sentences with the most appropriate phrase.*

1. Herr X. Y. Lindesagen ist _____

   _____ .

   a. ein Untergrundbahnschaffner der Stadt Neu York
   b. ein Straßenbahngesellschaftsinspekteur der Stadt
   c. ein Verkäufer von Zeitungen, Zigaretten und Wein in Neu York
   d. der Oberbürgermeister der Stadt Neu York

2. Herr Sauerberg muß sich beklagen, weil _____

   _____ .

   a. die Untergrundbahn viel zu schmutzig ist
   b. seine Kinder viel zu staubig sind
   c. Leute, die mit der U-Bahn fahren, zu viel rauchen und trinken
   d. man die Zigarettenstummel, die man heutzutage auf dem Böden findet, nicht mehr
      weiterrauchen kann, da sie zu kurz sind

130

3. Man sollte den Staub _____.
   a. in Zigarettenschachteln einpacken
   b. ins Rathaus bringen
   c. einmal im Jahr entfernen
   d. auf dem Boden liegen lassen

4. Willi Sauerberg ist anscheinend ein _____.
   a. deutscher Name
   b. Kommunist
   c. Hippie
   d. Mädchen

5. Der Bürgermeister wird wahrscheinlich diesen Brief _____
   _____.
   a. zu Mittag essen
   b. einrahmen und aufhängen
   c. veröffentlichen
   d. in den Papierkorb werfen

C. *Written Exercises*

1. Schreiben Sie einen Beschwerdebrief an irgendeinen Stadtverwalter *auf deutsch,* und schicken Sie den Brief ab, um zu sehen, ob Sie dann Antwort bekommen.

2. Schicken Sie einen Beschwerdebrief an Ihren Deutschlehrer, in dem Sie sich über seinen Unterricht (das Textbuch, seine Aussprache, seine Krawatten oder seine Prüfungen) beklagen.

3. An „Liebe Abbie"

„Nicht-so-dumm!"   Bonn, den 29. Februar 1899
5400 Bonn
Beethovenstrasse 16
Deutschland

„Liebe Abbie"
Kanses City Daily
Kansas City, Kansas
Treue Allee 17
U.S.A.

„Liebe Abbie"!
   Ich bin beinahe 15 Jahre alt, und meine Eltern halten
mir andauernd einen Vortrag über einen Freund von mir.
Ich bin alt genug zu wissen, was los ist, aber meine Eltern
sagen mir immer wieder, daß es unhygienisch ist, wenn
mein Freund und ich uns umarmen und küssen. Infolgedessen stellte ich ihnen die Frage: „Ist es nicht auch unhygienisch, wenn ihr euch küsst?" Sie antworteten, daß
sie seit Jahren immun seien. Ist das nicht eine dumme
Antwort? Besonders meine Mutter hält mich immer noch
für ein Kind! Was würden Sie, meine liebe Abbie, an
meiner Stelle tun?

                                            Hochachtungsvoll

                                            „Nicht-so-dumm!"

A. *Answer the following questions in German.*

1. Wo wohnt der Verfasser dieses Briefes?

_____

2. Welches Datum hat „Nicht-so-dumm!" auf diesen Brief geschrieben?

_____

3. Wie alt ist der Schreiber dieses Briefes?

_____

4. Über wen halten die Eltern einen Vortrag?

_____

5. Warum soll man sich nicht küssen?

_____

6. Wofür hält die Mutter ihre Tochter?

_____

7. Wie unterschreibt der Absender den Brief?

_____

B. *Answer **richtig** or **falsch**.*

_____1. „Liebe Abbie" arbeitet in einem Ministerium in Bonn.

_____2. Der Freund beklagt sich andauernd über die Eltern.

_____3. Das Mädchen ist alt genug zu wissen, was los ist.

_____4. Die Eltern des Mädchens sind unhygienisch.

_____5. Die Mutter hält das Mädchen noch für ein Kind.

_____6. „Nicht-so-dumm!" ist ziemlich dumm.

C. *Oral-written themes for discussion*

1. Was würden Sie, wenn Sie „Liebe Abbie" wären, zu diesem Brief sagen? Warum? Erklären Sie!
2. Wie würden Sie dieses Mädchen behandeln, wenn Sie sie als Tochter hätten?
3. Geben Sie genau wieder, was sie den Eltern des Mädchens sagen würden, wenn sie ihr Freund wären.

4. An eine Geliebte

Braunschweig, den 9. September 1971

Dr. Phil. Hans Wurst
1200 Braunschweig
Herzenbruchstraße 9

Fräulein Christina Steiermark
7400 Köln
Kürmisweg 13

Meine geliebte Christina!

Ich habe Dich sehr lieb, so lieb, daß ich nicht mehr ohne Dich leben kann! Unsere Trennung muß bald ein Ende haben. Ganz offen gesagt, ich möchte mich mit Dir verloben. Möchtest Du mich heiraten? Wenn Du mir nur Dein „Ja" schreibst, dann bin ich der glücklichste Mann in der Welt. Wenn du „Nein" sagst, dann muß ich mich leider erschießen, denn ohne Dich kann ich nicht mehr leben.

Es umarmt und küsst Dich
Dein

Dr. Phil. Hans Wurst

A. *Answer the following questions in German.*

1. Wann hat man diesen Brief geschrieben?

   _____

2. Wie heißt der Schreiber dieses Briefes?

   _____

3. Welche Frage stellt Herr Dr. Wurst?

   _____

4. Wie heißt das Mädchen?

   _____

5. Was muß bald ein Ende haben?

   _____

6. Was möchte Herr Dr. Wurst?

   _____

7. Was wird Herr Dr. Wurst sein, wenn das Mädchen „Ja" sagt?

   _____

8. Was wird Herr Dr. Wurst tun, wenn das Mädchen „Nein" sagt?

   _____

B. *Complete the following sentences by circling the most appropriate phrase.*

1. Herr Dr. Wurst kann nicht mehr ohne Christina _____.
   a. seine Hausaufgaben fertigmachen
   b. seine Kinder gut erziehen
   c. essen
   d. leben

2. Herr Dr. Wurst möchte _____.
   a. heiraten
   b. tanzen
   c. Briefe schreiben
   d. sich erschießen

3. Der Schreiber wird der glücklichste Mann der Welt sein, wenn ⸺⸺⸺⸺.
   a. man ihn zum Militärdienst einziehen würde
   b. das Mädchen ihn heiraten würde
   c. jemand ihn erschießen würde
   d. er nicht Deutsch lernen müßte

4. Hans Wurst ist ⸺⸺⸺⸺⸺⸺⸺⸺⸺.
   a. Doktor der Philosophie
   b. Präsident der Bundesrepublik Deutschland
   c. eine alte Witwe
   d. ein berühmter Fußballspieler

5. Das Fräulein wohnt in ⸺⸺⸺⸺.
   a. München
   b. Braunschweig
   c Köln
   d. einer Fabrik

C. *Themes for Writing Practice*

   1. Nehmen Sie an, daß Sie Christina Steiermark sind, und beantworten Sie diesen Brief.
   2. Schreiben Sie jetzt einen Brief an Ihre Geliebte (bzw. Ihren Geliebten), und erklären Sie, warum Sie sie (bzw. ihn) heiraten (oder *nicht* heiraten) möchten.

GENERATIONSPROBLEME: 1

Gesagt

die Tasche pocket
schaden to damage
der Arzt doctor
keuchen to gasp
husten to cough
der Raucherhusten smoker's cough

Gesehen

schimpfen to scold
klagen to complain
rauchen to smoke
die Zigarettenschachtel pack of cigarettes
Krebs bekommen to get cancer

A. *Answer the following questions in German.*

1. Was findet die Mutter in der Tasche ihrer Tochter?

_____

2. Warum soll die Tochter nicht rauchen?

_____

3. Was schreiben die Ärzte über Zigaretten?

_____

4. Was hat die Tochter schon?

_____

5. Wovon hat die Tochter ihren Raucherhusten?

_____

B. *Construct sentences from the following elements.*

1. Die Mutter / finden / Zigaretten / in / ein—— Tasche.

   _____

2. Die Tochter / haben / schon / ein—— Raucherhusten.

   _____

3. Die Tochter / keuchen / und / husten.

   _____

4. Die Tochter / antworten / ihr—— Mutter / schlagfertig.

   _____

5. Die Mutter / klagen / über / ihr—— Tochter.

   _____

C. *Written exercises.*

1. Erzählen Sie diese Bildgeschichte in Ihren eigenen Worten!
2. Schreiben Sie einen kurzen Abschnitt und erklären Sie, warum das Rauchen gefährlich ist!

GENERATIONSPROBLEME: 2

Gesagt

grauenhaft horrible
es ging mir auch so it was like that for me too
die Platte record
anhören to listen to
ich mag (mögen) I like
hör mal listen!
ist was dran (idiom) something to it
recht correctly
der Erwachsene adult
gefallen to appeal
faul rotten
daran about it

Gesehen

die Eltern parents
Kopfweh haben to have a headache
Lärm machen to make noise
verteidigen to defend
der Plattenspieler record player
laut (leise) stellen to turn up (down)
diskutieren to discuss
die Platte abnehmen to take off the record
wegwerfen to throw away
der Papierkorb wastepaper basket

A. *Answer the following questions in German.*

1. Wie findet der Vater die Teenager-Musik?

   _____

2. Was hat die Mutter früher davon gehalten?

   _____

3. Was denkt die Mutter jetzt darüber?

   _____

4. Warum ist die Tochter etwas erstaunt?

   _____

5. Warum muß an der Platte etwas faul sein?

   _____

6. Was tut die Tochter mit der Schallplatte?

   _____

B. *Construct sentences from the following elements.*

   1. Der Vater / finden / d—— Musik / grauenhaft.

      _____

   2. Es / gehen (*past tense*) / d—— Mutter auch so.

      _____

   3. Der Erwachsene / verstehen / dies—— / Musik / nicht.

      _____

   4. Jetzt / gefallen / d—— Musik / d—— Mutter.

      _____

   5. Die Mutter / verteidigen / d—— Tochter.

      _____

   6. Die Tochter / ab- nehmen / die Platte.

      _____

   7. Die Tochter / werfen / d—— Platte / in d—— Papierkorb.

      _____

   8. Jetzt / haben / der Vater / Kopfweh.

      _____

   9. Der Plattenspieler / machen / zu viel Lärm.

      _____

   10. Man / können / die Musik / leise- stellen.

       _____

C. *Written Exercises*

1. Erzählen Sie diese Bildgeschichte in Ihren eigenen Worten!
2. Erklären Sie, warum die Tochter die Platte tatsächlich wegwirft.
3. Erklären Sie, warum die Mutter so erstaunt aussieht!

GENERATIONSPROBLEME: 3

© 1969

Gesagt

sich schämen   to be ashamed
der Friseur   barber
befehlen   to order, command
in Wirklichkeit   in reality
ärgern   to anger
anstarren   to stare at
in die Augen fallen   to be conspicuous
die Mütze   cap

Gesehen

langes Haar   long hair
schäbig   shabby
bürgerlich   bourgeois; middle-class
das Hemd   shirt
ohne Ärmel   without sleeves
der Pullover   sweater; pullover
der Haarschnitt   haircut

A. *Answer the following questions in German.*

1. Warum schämt sich der Vater?

2. Wohin soll der Sohn gehen?

3. Wer hat nichts zu befehlen?

4. Was ärgert den Jungen?

145

5. Warum geht der Junge denn nicht zum Friseur?

_____

6. Wie sieht der Sohn aus? Beschreiben Sie ihn!

_____

7. Wie sieht der Freund aus? Beschreiben Sie ihn!

_____

B. _Construct sentences from the following elements._

1. Der Vater / sich schämen.

_____

2. Der Sohn / sollen / gehen / zu d—— Friseur.

_____

3. Der Vater / sollen / befehlen / d—— Sohn / nicht.

_____

4. Die Leute / an- starren / d—— Jungen.

_____

5. Das / fallen / d—— Jungen / immer / in d—— Augen.

_____

6. In d—— Winter / können / er / kein—— Mütze / tragen.

_____

7. Der Freund / tragen / ein—— Pullover.

_____

8. Der Freund / tragen / kein / lang—— / Haar.

_____

C. *Written Exercises*

1. Erzählen Sie diese Geschichte in Ihren eigenen Worten!
2. Warum lächelt der Junge im letzten Bild? Erklären Sie das Verhältnis zwischen Vater und Sohn!

GENERATIONSPROBLEME: 4

Gesagt

die Leute people
unausgegoren immature
die Idee idea
freie Liebe free love
sondern but
schnöde vile
die Lust lust; passion
werden (aus) to become of
platzen to burst
vor Wut of anger
beruhigen to calm
ändern to change
wütend upset; angry; mad
mitmachen to participate

Gesehen

im mittleren Alter middle-aged
altmodisch old-fashioned
predigen to preach
konservativ conservative
die Brille glasses
die Pfeife pipe
der Bart beard
graues Haar grey hair
kurz short
ausschimpfen to scold thoroughly
klagen über to complain about
bedauern to regret

A. *Answer the following questions in German.*

1. Was sagt der Mann den jungen Leuten?

_____

2. Wovor platzt der Mann?

_____

3. Kann der Mann die Welt ändern?

    _____

4. Warum ist der Mann so wütend?

    _____

5. Wie ist der Mann im letzten Bild?

    _____

B. *Construct sentences from the following elements.*

1. Jung—— Leute / haben / unausgegoren—— Ideen / über frei—— Liebe.

    _____

2. Das / sein / kein—— / wahr—— Liebe.

    _____

3. Was / werden / aus unser—— Welt?

    _____

4. Du / können / ändern / nichts.

    _____

5. Der Mann / können / sich beruhigen / nicht.

    _____

6. Der Mann / können / nicht mehr / mitmachen.

    _____

7. Er / haben / jetzt / grau—— Haar.

    _____

8. Er / klagen / über / d—— jung—— Leute.

    _____

9. Der Mann / bedauern / daß / er / nicht / mitmachen / können.

_____

10. Er / können / nur / platzen / vor Wut.

_____

C. *Written Exercises*

1. Erzählen Sie diese Geschichte in Ihren eigenen Worten!
2. Wie würden (*would*) Sie im Grunde das Generationsproblem erklären?
3. Erklären Sie, wie man solche Generationsprobleme lösen kann!

ERMUTIGUNG

Ermutigung encouragement

WOLF BIERMANN is a popular German singer who sings to protest social and political injustices. His poems, ballads, and songs, reflecting a socialist orientation, have caused controversy in both East and West Germany. This song tells how to live under those in power.

Du, laß dich nicht verhärten
In dieser harten Zeit,
Die all zu hart sind, brechen,
Die all zu spitz sind, stechen,
Und brechen ab zugleich.

Du, laß dich nicht verbittern
In dieser bittern Zeit,
Die Herrschenden erzittern
—sitzt du erst hinter Gittern—
Doch nicht vor deinem Leid.

verhärten to become hardened

brechen to break
spitz sharp; pointed
stechen to prick; to injure
zugleich at once

verbittern to embitter

die Herrschenden rulers
erzittern shake, tremble
hinter Gittern behind bars
das Leid sorrow; misfortune

Du, laß dich nicht erschrecken
In dieser Schreckenszeit,
Das wolln sie doch bezwecken,
Daß wir die Waffen strecken
Schon vor dem großen Streit.

Du, laß dich nicht verbrauchen,
Gebrauche deine Zeit.
Du kannst nicht untertauchen,
Du brauchst uns, und wir brauchen
Grad deine Heiterkeit.

erschrecken to be scared
die Schreckenszeit time of
    trouble
bezwecken to accomplish
die Waffen strecken to give
    up one's fight
der Streit battle

verbrauchen to use up
gebrauchen to use well
untertauchen to submerge;
    to disappear   **brauchen** to
    need
grad exactly; just
die Heiterkeit gaiety; happiness

A. *Discuss the following ideas in English.*

1. What is the central idea Biermann tries to express here?
2. What advice does he give for survival?
3. Why do you think such a song might be prohibited in a Marxist society?
4. Why would it be censored in a country like West Germany?

Read the following cartoon for comprehension, using the vocabulary provided for each scene to help you. Then answer the questions.

Bild 1:

Düsentrieb   jet propulsion
das Meisterstück   masterpiece
mir ist gelungen   I have succeeded in
handeln nach   to act according to
das Werkzeug   tool
die Erfindung   invention

Bild 2

Bild 3:

meinerseits   for my part
das Sende-Mützchen   radio-transmission cap
ausstrahlen   to send out

Bild 4

Bild 5

Bild 6:

verhältnismäßig   relatively
klappen   to succeed; to go well
hinschauen   to look; to watch

Bild 7:

lästig   bothersome
die Brummfliege   buzzing fly
verscheuchen   to chase away

Bild 8:

die Fliegenpatsche   fly swatter

Bild 9:

sich schwer tun   to find something difficult
hinlenken   to steer

Bild 10

Bild 11

Bild 12:

gelungen successful; perfect
grob rough
wenigstens at least
mir gegenüber with respect to me

Bild 13:

das ist schon was that is something

Bild 14:

reagieren to react
geheim secret
die Absicht intention

Bild 15:

die Faulheit laziness
sich genieren to be embarrassed
der Nachteil disadvantage

Bild 16:

einfallen   to remember
künstlich   artificial
der Rubin   ruby
abliefern   to deliver
fabrizieren   to manufacture
ein Vermögen wert sein   to be worth a fortune

Bild 17:

begleiten   to accompany
wagen   to dare
das Räubergäßchen   robbers' alley

Bild 19

Bild 18:

verheerend   terrible; devastating
der Ruf   reputation

Bild 20

Bild 21:

sich verstecken   to hide oneself
bewaffnet   armed

Bild 22

Bild 23:

sich ergeben   to surrender

Bild 24:

Was denn   What's the matter?

Bild 25:

die Dachrinne   roof gutter
rutschen   to slide
herausholen   to get out

Bild 26

Bild 27:

stecken   to hide
rüstig   noble; trusty
der Begleiter   companion

Bild 28:

die Regentonne   rainwater barrel
der Feigling   coward

Bild 29:

der Gedanke   thought
handeln   to act

Bild 30:

fürchten   to fear
bedeutend   important

Bild 31:

verwenden   to use; employ
die Raupen   caterpillars
der Kohl   cabbage
sammeln   to collect

160

A. *Answer* **richtig** *or* **falsch.**

_____ 1. Daniel Düsentrieb ist ein Roboter.

_____ 2. Daniel hat einen Roboter erfunden.

_____ 3. Der Roboter kann Gedanken lesen und danach handeln.

_____ 4. Roland muß ein Sende-Mützchen tragen.

_____ 5. Der Roboter macht alles, was Daniel wünscht.

_____ 6. Der Roboter schlägt ihn mit einer Fliegenpatsche über den Kopf.

_____ 7. Roland ist ein sehr guter Diener.

_____ 8. Daniel ist nicht sehr zufrieden mit seiner Konstruktion.

_____ 9. Roland hat keine Nachteile.

_____10. Daniel hat künstliche Rubine fabriziert.

_____11. Düsentrieb hat Angst, allein in das Räubergäßchen zu gehen.

_____12. Daniel fühlt sich mit Roland in diesem Gäßchen sicher.

_____13. Auf dem Weg begegnet er einem Briefträger.

_____14. In der Gasse begegnet Daniel einem Räuber.

_____15. Roland hat sich in einer Tonne versteckt.

_____16. Der Mann in der Gasse will nur einer kleinen Katze helfen.

_____17. Daniel denkt immer noch, daß Roland eine bedeutende Erfindung ist.

_____18. Daniel kann Roland jetzt nicht mehr gebrauchen.

_____19. Roland soll jetzt im Garten arbeiten.

_____20. Der Roboter soll Raupen sammeln.

B. *Retell in your own words the story you have just read, using simple but correct German sentences.*

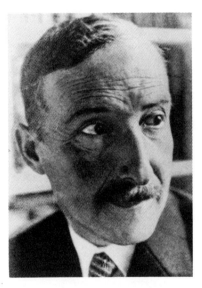

DIE GOUVERNANTE

die Gouvernante governess

STEFAN ZWEIG (1881–1942) was a highly versatile Austrian author of biographies, novels, plays, and short stories, who reached the peak of his fame and production prior to World War II. Underlying most of his works is a deep and somewhat melancholy concern for the suffering of human beings, but this in no way prevents him from presenting subtle psychological insights that reflect personal relationships and interactions as meaningful today as they were four decades ago. The following story about two young girls in the process of growing up is poignant and sensitive, somewhat old-fashioned on the surface, perhaps, but profound and significant in its central meaning, even for the students of today.

Die beiden Kinder sind nun allein in ihrem Zimmer. Das Licht ist ausgelöscht. Ganz leise atmen die beiden, man könnte glauben, sie schliefen.

„Du!" sagt da eine Stimme. Es ist die Zwölfjährige, die leise in das Dunkel hinfragt.

„Was ist's?" antwortet vom andern Bett die Schwester. Ein Jahr nur ist sie älter.

„Du bist noch wach. Das ist gut. Ich . . . ich möchte dir gern etwas erzählen . . ."

Keine Antwort kommt von drüben.

„Weißt du . . . ich wollte dir sagen . . . Aber sag mir du zuerst: ist dir nicht etwas aufgefallen in den letzten Tagen an unserm Fräulein?"

Die andere zögert und denkt nach.

„Ja", sagt sie dann, „aber ich weiß nicht recht, was. Sie ist nicht mehr so streng. Letzthin habe ich zwei Tage keine Aufgaben gemacht, und sie hat mir gar nichts gesagt. Und dann ist sie so, ich weiß nicht wie. Ich glaube, sie kümmert sich gar nicht mehr um uns, sie setzt sich immer abseits und spielt nicht mehr mit, so wie früher."

„Ich glaube, sie ist sehr traurig und will es nur nicht zeigen. Sie spielt auch nie mehr Klavier."

Das Schweigen kommt wieder.

Da mahnt die Ältere: „Du wolltest etwas erzählen."

„Ja, aber du darfst es niemandem sagen, wirklich niemandem, der Mama nicht und nicht deiner Freundin."

„Nein, nein!" Sie ist schon ungeduldig. „Was ist's also?"

„Also . . . jetzt, wie wir schlafen gegangen sind, ist mir plötzlich eingefallen, daß ich dem Fräulein nicht ‚Gute Nacht!' gesagt habe. Die Schuhe habe ich schon ausgezogen gehabt, aber ich bin doch hinüber in ihr Zimmer, weißt du, ganz leise, um sie zu überraschen. Ganz vorsichtig mach ich also die Tür auf. Zuerst habe ich geglaubt, sie ist nicht im Zimmer. Das Licht hat gebrannt, aber ich hab sie nicht gesehen. Da plötzlich hör ich jemand weinen und seh auf einmal, daß sie ganz angezogen auf dem Bett liegt, den Kopf in dem Kissen. Aber sie hat mich nicht bemerkt. Und da habe ich die Tür ganz leise wieder zugemacht und bin rasch heruntergelaufen."

Sie schwiegen beide. Dann sagt die eine ganz leise: „Das arme Fräulein!"

„Ich möchte wissen, warum sie geweint hat", fängt die Jüngere an. „Sie hat doch mit niemandem Zank gehabt in den letzten Tagen, und wir haben ihr doch gewiß nichts getan. Warum weint sie dann so?" „Ich kann es mir schon denken", sagt die Ältere.

---

auslöschen to put out; to extinguish
ganz very **atmen** to breathe
könnte could **schliefen** were asleep

die Stimme voice **das Dunkel**
darkness **hinfragen** to ask

ist's = ist es
andern other

wach awake
möchte . . . gern I'd like to

10 **drüben** over there
zuerst first
auffallen to notice
das Fräulein *here:* governess

zögern to hesitate
15 **recht** exactly; for sure
streng for sure **letzthin** recently
die Aufgabe assignment

sich kümmern to pay attention
abseits to one side; aside
20 **mitspielen** to join in; play
früher earlier; in the past

das Klavier piano
das Schweigen silence
mahnen to remind
du darfst nicht you must not

ungeduldig impatient
wie *here:* just as
plötzlich suddenly
einfallen to remember
30 **ausziehen** to take off
bin . . . hinüber (gegangen) went over
überraschen to surprise
vorsichtig carefully
brennen to burn
35 **auf einmal** suddenly
ganz angezogen fully dressed
das Kissen pillow
bemerken to notice
rasch quickly
herunterlaufen to run down
40 **schweigen** to fall silent

der Zank argument; quarrel

sich denken to imagine

„Warum, sag mir, warum?"

Die Schwester zögert. Endlich sagt sie: „Ich glaube, sie ist verliebt."

„Verliebt? Verliebt? In wen?"

„Hast du gar nichts bemerkt?"

„Doch nicht in Otto?"

„Nicht? Und er nicht in sie? Warum hat er denn, der jetzt schon drei Jahre bei uns wohnt und studiert, uns nie begleitet und jetzt seit den paar Monaten auf einmal jeden Tag? War er je nett zu mir oder zu dir, bevor das Fräulein zu uns kam? Den ganzen Tag ist er jetzt um uns herum gewesen. Ist dir denn das nie aufgefallen?"

Ganz erschreckt stammelt die Kleine:

„Ja . . . ja, natürlich hab ichs bemerkt. Ich hab nur immer gedacht, es ist . . ."

Sie spricht nicht weiter.

„Ich hab es auch zuerst geglaubt, wir Mädchen sind ja immer so dumm."

Jetzt schweigen beide. Das Gespräch scheint zu Ende. Beide sind in Gedanken oder schon in Träumen. Da sagt noch einmal die Kleine ganz hilflos aus dem Dunkel: „Aber warum weint sie dann wieder? Er hat sie doch so gern. Und ich hab mir immer gedacht, es muß so schön sein, wenn man verliebt ist."

„Ich weiß nicht", sagt die Ältere ganz träumerisch, „ich habe auch geglaubt, es muß sehr schön sein."

Und einmal noch, leise und bedauernd, von schon schlafmüden Lippen weht es herüber: „Das arme Fräulein!"

Und dann wird es still im Zimmer.

Am nächsten Morgen reden sie nicht wieder davon, und doch, eine spürt es von der andern, daß ihre Gedanken das Gleiche umkreisen. Bei Tisch beobachten sie Otto, den Cousin, der seit Jahren im Hause lebt, wie einen Fremden. Sie reden nicht mit ihm. Eine Unruhe ist in beiden. Abends fragt bloß die eine, kühl, als ob es ihr gleichgültig sei: „Hast du wieder etwas bemerkt?"

„Nein", sagt die Schwester und wendet sich ab. Endlich, nach ein paar Tagen, merkt die eine, wie bei Tisch die Gouvernante Otto leise mit den Augen zuwinkt. Er nickt mit dem Kopf Antwort. Das Kind zittert vor Erregung. Unter dem Tisch tastet sie leise an die Hand der älteren Schwester. Die versteht sofort die Geste und wird auch unruhig. Kaum, daß sie aufstehn von der Mahlzeit, sagt die Gouvernante zu den Mädchen:

„Geht in euer Zimmer und beschäftigt euch ein bißchen. Ich habe Kopfschmerzen und will für eine halbe Stunde ausruhen."

---

zögern to hesitate
verliebt in in love with

5 **bemerken** to notice

studieren to study at a university
begleiten to accompany
je ever
10 **um uns herum** around us
auffallen to notice

erschreckt frightened
stammeln to stammer

15

der Gedanke,-en thought
der Traum,-̈e dream

noch einmal once more
20 **hilflos** helpless

gern haben to like; to love
doch *for emphasis:* but he does love her . . .

25

bedauernd with pity
schlafmüde tired with sleep
herüberwehen to float across

reden (von) to talk about
30 **spüren** to sense **das Gleiche** the same thing **umkreisen** to revolve
beobachten to observe **bei Tisch** at the table **der Fremde** stranger
die Unruhe uneasiness **bloß** only; just
kühl coolly; aloof **gleichgültig** 35 indifferent **sei** were
sich abwenden to turn away
merken to observe
zuwinken to signal; to wink at
zittern to shake **die Erregung** excitement **tasten** to touch
die Geste gesture **unruhig** restless
40 **kaum daß sie aufstehn** hardly had they got up **die Mahlzeit** meal
sich beschäftigen to occupy oneself
die Kopfschmerzen headache
ausruhen to rest

Die Kinder sehen nieder. Und kaum ist die Gouvernante fort,
so springt die Kleinere auf die Schwester zu:

„Paß auf, jetzt geht Otto in ihr Zimmer."

„Natürlich! Darum hat sie uns doch weggeschickt!"

„Wir müssen vor der Tür horchen!"

„Aber wenn jemand kommt?"

„Wer denn?"

„Mama."

Die Kleine erschrickt. „Ja dann . . ."

„Weißt du was? Ich horche an der Tür, und du bleibst draußen
im Gang und gibst mir ein Zeichen, wenn jemand kommt. So sind
wir sicher."

„Aber du erzählst mir dann nichts!"

„Alles!"

„Wirklich alles . . . aber alles!"

„Ja, mein Wort darauf. Und du hustest, wenn du jemanden
kommen hörst."

Sie warten im Gang, zitternd, aufgeregt. Was wird kommen?
Eng drücken sie sich aneinander.

Ein Schritt. Richtig: es ist Otto. Er faßt die Klinke, die Tür
schließt sich. Wie ein Pfeil schießt die Ältere nach und drückt
sich an die Tür, ohne Atemholen horchend. Die Jüngere wartet
draußen, zwei, drei Minuten, die ihr eine Ewigkeit scheinen. Fast
ist ihr das Weinen nah, daß die Schwester alles hört und sie
nichts. Da fällt drüben, im dritten Zimmer, eine Tür zu. Sie
hustet. Und beide stürzen sie weg, hinein in ihren Raum. Dort
stehen sie einen Augenblick atemlos.

Dann drängt die Jüngere gierig: „Also . . . erzähle mir."

Die Ältere macht ein nachdenkliches Gesicht. Endlich sagt
sie, wie zu sich selbst: „Ich verstehe es nicht!"

„Was?"

„Es war ganz merkwürdig . . . so ganz anders, als ich mir es
dachte. Ich glaube, als er ins Zimmer kam, hat er sie umarmen
wollen oder küssen, denn sie hat zu ihm gesagt: ‚Laß das, ich hab
mit dir etwas Ernstes zu besprechen.' Sehen habe ich nichts
können, der Schlüssel hat von innen gesteckt, aber ganz genau
gehört habe ich. ‚Was ist denn los?' hat der Otto darauf gesagt,
doch ich hab ihn nie so reden hören. Und auch sie muß gemerkt
haben, daß er lügt, denn sie hat nur ganz leise gesagt: ‚Du weißt
es ja schon.' ‚Nein, ich weiß gar nichts.—So', hat sie da gesagt—
und so traurig, so furchtbar traurig—‚und warum ziehst du dich
denn auf einmal von mir zurück? Seit acht Tagen hast du kein
Wort mit mir geredet, mit den Kindern gehst du nicht mehr,
kommst nicht mehr in den Park. Bin ich dir auf einmal so fremd?
Oh, du weißt schon, warum du dich auf einmal fernhältst.' Er

niedersehen to look down
springt . . . zu runs toward
aufpassen watch; pay attention

wegschicken to send away
5 **horchen** to listen

10 **draußen** outside
der Gang hallway
das Zeichen sign **sicher** safe

15

mein Wort darauf on my word
husten to cough
zittern to shake **aufgeregt** excitedly
eng closely
sich aneinander drücken to
    huddle together
20 **der Schritt** step **fassen** to grasp
die Klinke doorhandle
der Pfeil arrow
nachschießen to speed after
drücken to press
ohne Atemholen without breathing
25 **die Ewigkeit** eternity **fast** almost
nah near **zufallen** to slam shut
wegstürzen to dash off

drängen to press for information
gierig anxiously; greedily
nachdenklich pensive

30

merkwürdig strange
umarmen to embrace
laß das stop it **besprechen** to discuss
35 **der Schlüssel** key **innen** inside
stecken to stick
Was ist denn los? Well, what's
    the matter? **darauf** thereupon; then
merken to notice
lügen to lie

40 **furchtbar** terribly
sich zurückziehen to withdraw;
    to avoid

sich fernhalten to stay away

45

166

hat geschwiegen und dann gesagt: ‚Ich steh jetzt vor der Prüfung, ich habe viel zu arbeiten und für nichts anderes mehr Zeit. Es geht jetzt nicht anders.‘ Da hat sie zu weinen angefangen und hat ihm dann gesagt, unter Tränen, aber so mild und gut: ‚Otto, warum lügst du denn? Sag doch die Wahrheit. Geredet muß doch darüber werden zwischen uns zweien. Du weißt es ja, was ich dir zu sagen habe, an den Augen seh ich dir's an.‘—‚Was denn?‘ hat er gestammelt, aber ganz, ganz schwach. Und da sagte sie . . .“

Das Mädchen fängt plötzlich zu zittern an und kann nicht weiterreden vor Erregung. Die Jüngere preßt sich enger an sie.

„Was . . . was denn?“

„Da sagte sie: ‚Ich hab doch ein Kind von dir!‘ “

Wie ein Blitz fährt die Kleine auf: „Ein Kind! Ein Kind! Das ist doch unmöglich!“

„Aber sie hat es gesagt.“

„Du mußt schlecht gehört haben.“

„Nein, nein! Und er hat es wiederholt; genau so wie du ist er aufgefahren und hat gerufen: ‚Ein Kind!‘ Sie hat lange geschwiegen und dann gesagt: ‚Was soll jetzt geschehen? Und dann . . .“

„Und dann?“

„Dann hast du gehustet, und ich hab weglaufen müssen.“

Die Jüngere starrt ganz verstört vor sich hin. „Ein Kind! Das ist doch unmöglich. Wo soll sie denn das Kind haben?“

„Ich weiß nicht. Das ist es ja, was ich nicht verstehe.“

„Vielleicht zu Hause, wo . . . bevor sie zu uns herkam.“
„Aber geh, damals hat sie doch Otto noch gar nicht gekannt!“

Sie schweigen wieder. Und wieder fängt die Kleinere an: „Ein Kind, das ist ganz unmöglich! Wieso kann sie ein Kind haben? Sie ist doch nicht verheiratet, und nur verheiratete Leute haben Kinder, das weiß ich.“

„Vielleicht war sie verheiratet.“

„Aber sei doch nicht so dumm! Doch nicht mit Otto.“

„Das arme Fräulein“, sagt die eine ganz traurig. Es kommt immer wieder, dieses Wort.

„Ob es ein Mädchen ist oder ein Bub?“

„Wer kann das wissen.“

„Uns sagt man solche Sachen nicht. Wenn wir ins Zimmer kommen, hören sie immer auf zu sprechen und reden dummes Zeug mit uns, als ob wir Kinder wären, und ich bin doch schon dreizehn Jahre.“

„Weißt du . . . was ich am wenigsten verstehe, ist, daß Otto nichts davon gewußt haben soll. Man weiß doch, daß man ein Kind hat, so wie man weiß, daß man Eltern hat.“

---

die Prüfung exam
es geht nicht anders it can't be helped

die Träne,-n tear unter amid
die Wahrheit truth reden to talk

seh ich dir's an I can tell
stammeln to stammer
schwach weak

zittern to shake
die Erregung excitement
enger more closely

der Blitz flash; lightning
auffahren to jump up
unmöglich impossible

wiederholen to repeat
genau so wie just as
schweigen to be silent

weglaufen to run away
vor sich hinstarren to stare into space
vorstört bewildered

das ist es ja that's what it is;
   that's just it

verheiratet married

der Bub boy

die Sache thing
dummes Zeug nonsense
als ob as if

am wenigsten least

Da kommt das Fräulein herein. Sie sind sofort still und scheinen zu arbeiten.

„Sie hat ein Kind", müssen sie immer wieder denken, „darum ist sie so traurig." Und langsam werden sie es selbst.

Am nächsten Tag, bei Tisch, erwartet sie eine jähe Nachricht. Otto verläßt das Haus. Er hat dem Onkel erklärt, er stände jetzt vor den Prüfungen, müsse intensiv arbeiten, und hier sei er zu sehr gestört. Er würde sich irgendwo ein Zimmer nehmen für diese ein, zwei Monate, bis alles vorüber sei.

Die beiden Kinder sind furchtbar erregt, als sie es hören. Sie ahnen irgendeinen geheimen Zusammenhang mit dem Gespräch von gestern. Als Otto ihnen Adieu sagen will, sind sie grob und wenden ihm den Rücken, aber das Fräulein reicht ihm ruhig, ohne ein Wort, die Hand.

Ganz anders sind die Kinder geworden in diesen paar Tagen. Sie haben ihre Spiele verloren und ihr Lachen. Eine Unruhe ist in ihnen, ein wildes Mißtrauen gegen alle Menschen um sie herum. Sie glauben nicht mehr, was man ihnen sagt. Der kindische Glaube, diese unbesorgte Blindheit, ist von ihnen abgefallen. Ihr Leben ist mit einem Male eine Krise geworden. Sie machen ihre Aufgaben fleißig, helfen sich beide aus, sie sind still. Aber das Fräulein merkt es gar nicht, und das tut ihnen so weh. Ganz anders ist sie geworden in letzter Zeit. Manchmal, wenn eines der Mädchen sie anspricht, zuckt sie zusammen wie aus dem Schlaf geschreckt. Stundenlang sitzt sie oft da und schaut träumerisch vor sich hin. Sie spüren: jetzt denkt sie an ihr Kind, das irgendwo in der Ferne ist. Und immer mehr lieben sie das Fräulein, das jetzt so milde geworden ist und so sanft, ihre Bewegungen vorsichtiger, und die Kinder ahnen in all dem eine geheime Traurigkeit. Weinen haben sie sie nie gesehen, aber ihre Lider sind oft gerötet.

Eines Tages nach Tisch sagt die Mutter zum Fräulein:

„Bitte, kommen Sie dann in mein Zimmer. Ich habe mit Ihnen zu sprechen." Das Fräulein neigt leise den Kopf. Die Mädchen zittern heftig, sie spüren, jetzt wird etwas geschehen.

Und sofort, als das Fräulein hineingeht, stürzen sie nach. Sie horchen. Sie haben Angst. Da wird drin eine Stimme lauter. Es ist die ihrer Mutter.

„Haben Sie geglaubt, daß alle Leute blind sind, daß man so etwas nicht bemerkt? Und so jemandem habe ich die Erziehung meiner Kinder anvertraut."

Das Fräulein scheint etwas zu erwidern. Aber zu leise spricht sie, als daß die Kinder verstehen könnten. Aber ihre Mutter scheint nur erregter zu werden:

---

scheinen to appear to

selbst *here:* themselves

5 **jäh** sudden **die Nachricht** news
verlassen to leave
erklären to explain
** stände = stehen** **stören** to disturb
vorüber over
erregen to disturb
10 **ahnen** to sense; to suspect
irgendeinen some **geheim** secret
der Zusammenhang connection
Adieu good-bye **grob** rude
wenden to turn **der Rücken** back
die Hand reichen to shake hands
15 **ruhig** calmly
ganz anders completely different
das Spiel,-e game
das Lachen laughter
das Mißtrauen distrust
kindisch childlike
20 **unbesorgt** carefree
abfallen *here:* to leave
mit einem Male all of a sudden
die Krise crisis **wehtun** to hurt
in letzter Zeit lately
ansprechen to talk to; to address
25 **zusammenzucken** to wince
schrecken to scare **vor sich**
hinschauen to stare into space
spüren to sense **die Ferne** distance
sanft gentle
die Bewegung,-en movement
die Traurigkeit sadness
30 **das Lid,-er** eyelid
röten to redden

neigen to nod; to bow
heftig very much

35

nachstürzen to dash after
drin inside
die Stimme voice

die Erziehung upbringing
40 **anvertrauen** to entrust
erwidern to reply
als daß . . . könnten for the
children to be able to understand

168

„Das ist das einzige, was Sie wissen, jetzt zu weinen. Das rührt mich nicht. Mit solchen Personen hab ich kein Mitleid. Was aus Ihnen jetzt wird, geht mich gar nichts an. Sie werden ja wissen, an wen Sie sich zu wenden haben, ich frag Sie gar nicht danach. Ich weiß nur, daß ich jemanden wie Sie nicht einen Tag mehr in meinem Hause dulde."

Nur Schluchzen antwortet. Nie haben sie so weinen hören. Und dumpf fühlen sie, wer so weint, kann nicht unrecht haben.

„Das war gemein von Mama, so mit ihr zu reden", sagt die Ältere mit verbissenen Lippen.

„Aber wir wissen doch gar nicht, was sie getan hat", stottert die Kleine klagend.

„Sicher nichts Schlechtes. Das Fräulein kann nichts Schlechtes getan haben. Mama kennt sie nicht."

„Und dann, wie sie geweint hat."

„Aber wie auch die Mama mit ihr geschrien hat. Das war gemein, ich sage dir, das war gemein." Tränen verhüllten ihr die Augen.

Da kommt das Fräulein herein. Sie sieht müde aus. „Kinder, ich habe heute nachmittag zu tun. Nicht wahr, ihr bleibt allein, ich kann mich auf euch verlassen? Ich sehe dann abends nach euch."

„Hast du gesehen, ihre Augen waren ganz verweint. Ich verstehe nicht, daß Mama mit ihr so umgehen konnte."

„Das arme Fräulein!"

Abends sieht das Fräulein flüchtig zu ihnen herein und sagt ihnen „Gute Nacht." Die Kinder zittern und möchten ihr gerne noch etwas sagen. Aber jetzt, da das Fräulein schon bei der Tür ist, wendet sie sich selbst plötzlich noch einmal um. Sie umarmt beide Kinder, die wild zu schluchzen anfangen, küßt sie noch einmal und geht dann hastig hinaus. In Tränen stehen die Kinder da. Sie fühlen, das war ein Abschied.

„Wir werden sie nicht mehr sehen!" weint die eine. „Paß auf, wenn wir morgen von der Schule zurückkommen, ist sie nicht mehr da."

„Vielleicht können wir sie später besuchen. Dann zeigt sie uns auch sicher ihr Kind."

„Ja, sie ist so gut."

„Das arme Fräulein!"

„Kannst du dir denken, wie das jetzt werden wird ohne sie?"

„Ich werde nie ein anderes Fräulein leiden können."

„Ich auch nicht."

„Keine wird so gut mit uns sein. Und dann . . ."

„Du", sagt die eine, „hör zu!"

„Ja."

„Weißt du, ich möchte dem Fräulein noch gerne eine Freude

---

einzig only
rühren to move; to touch
Mitleid compassion; sympathy
angehen to concern
sich wenden an to turn to
dulden to tolerate
das Schluchzen sobbing
dumpf vaguely
unrecht haben to be wrong
gemein mean   verbissen closed; tight
die Lippe,-n lip
stottern to stutter
klagend plaintively; complainingly
schlecht bad

schreien to yell

verhüllen to cover

nicht wahr won't you
sich verlassen auf to depend on

umgehen mit to treat

flüchtig hastily

sich umwenden to turn around

hastig hastily; quickly
der Abschied farewell

aufpassen to watch out

besuchen to visit

werden here: to happen
leiden to put up with; to tolerate

zuhören to listen

eine Freude machen to do something nice

machen, ehe sie weggeht. Damit sie weiß, daß wir sie gern haben und nicht so sind wie Mama. Willst du?"

„Wie kannst du noch fragen!"

„Ich habe mir gedacht, sie hatte doch weiße Nelken so gern, und da denk ich, weißt du, wir könnten ihr morgen früh, ehe wir in die Schule gehen, ein paar kaufen, und die stellen wir ihr dann ins Zimmer."

die **Nelke** carnation
morgen früh tomorrow morning
stellen to put

„Wann aber?"

„Zu Mittag."

„Dann ist sie sicher schon fort. Weißt du, da lauf ich lieber ganz in der Früh hinunter und hole sie rasch, ohne daß es jemand merkt. Und die bringen wir ihr dann hinein ins Zimmer."

fort away; gone **lieber** rather
ganz in der Früh early in the morning
rasch quickly

„Ja, und wir stehen ganz früh auf."

Sie nehmen ihre Sparbüchsen, schütten ihr ganzes Geld zusammen. Nun sind sie wieder froher, seit sie wissen, daß sie dem Fräulein ihre stumme, hingebungsvolle Liebe noch werden zeigen können.

die **Sparbüchse** piggy bank
zusammenschütten to throw together
stumm silent
hingebungsvoll devoted

Ganz zeitig stehen sie dann auf. Als sie, die schönen vollen Nelken in der leicht zitternden Hand, an die Tür des Fräuleins pochen, antwortet ihnen niemand. Sie glauben das Fräulein schlafend und schleichen vorsichtig hinein. Aber das Zimmer ist leer, das Bett unberührt. Alles liegt in Unordnung, auf der dunklen Tischdecke ein paar Briefe.

zeitig early die **Nelke** carnation
leicht *here:* slightly
pochen to knock
hineinschleichen to sneak in
unberührt untouched
die **Unordnung** disorder
die **Tischdecke** tablecloth

Die beiden Kinder erschrecken. Was ist geschehen?

„Ich gehe hinein zu Mama", sagt die Ältere entschlossen. Und trotzig, mit finsteren Augen, ganz ohne Angst pflanzt sie sich vor ihrer Mutter auf und fragt: „Wo ist unser Fräulein?"

entschlossen determined
trotzig defiantly **finster** threatening
die **Angst** fear
sich aufpflanzen to plant oneself
erstaunt astonished

„Sie wird in ihrem Zimmer sein", sagt die Mutter ganz erstaunt.

„Ihr Zimmer ist leer, das Bett ist unberührt. Sie muß schon gestern abend weggegangen sein. Warum hat man uns nichts davon gesagt?"

gestern abend last night

Die Mutter ist blaß geworden und geht hinein zum Vater, der dann rasch im Zimmer des Fräuleins verschwindet.

blaß pale
verschwinden to disappear

Er bleibt lange aus, und dann kommt er endlich zurück. Er ist ganz fahl im Gesicht und trägt einen Brief in der Hand. Er geht mit der Mutter hinein ins Zimmer und spricht drinnen mit ihr leise. Ihre Mutter, die jetzt aus dem Zimmer tritt, hat verweinte Augen. Die Kinder wollen sie wieder fragen. Aber sie sagt hart: „Geht jetzt in die Schule, es ist schon spät."

ausbleiben to stay away **fahl** pale

treten to step

Und die Kinder müssen gehen. Wie im Traum sitzen sie dort vier, fünf Stunden unter all den anderen und hören kein Wort. Wild stürmen sie nach Hause zurück.

stürmen to storm

Dort ist alles wie immer, nur ein furchtbarer Gedanke scheint die Menschen zu erfüllen. Keiner spricht. Die Mutter kommt den

erfüllen to fill

Kindern entgegen. Sie beginnt: „Kinder, euer Fräulein kommt nicht mehr, sie ist . . .“

Aber sie wagt nicht zu Ende zu sprechen. So gefährlich sind die Augen der beiden Kinder in die ihren gebohrt, daß sie nicht wagt, ihnen eine Lüge zu sagen. Sie wendet sich um und geht weiter, flüchtet in ihr Zimmer hinein.

Nachmittags taucht plötzlich Otto auf. Man hat ihn hergerufen, ein Brief für ihn war da. Auch er ist bleich. Verstört steht er herum. Niemand redet mit ihm. Da sieht er die beiden Kinder in der Ecke und will sie begrüßen.

„Rühr mich nicht an!“ sagt die eine, und die andere spuckt vor ihm aus. Keiner spricht mit den Kindern. Rastlos, wie Tiere in einem Käfig, wandern sie in den Zimmern herum, begegnen sich immer wieder, sehen sich in die verweinten Augen und sagen kein Wort. Sie wissen jetzt alles. Sie wissen, daß man sie belogen hat, daß alle Menschen schlecht sein können. Sie lieben ihre Eltern nicht mehr, sie glauben nicht mehr an sie. Seit gestern sind sie keine Kinder mehr.

An diesem Nachmittag werden sie älter um viele Jahre. Und erst, als sie dann abends im Dunkel ihres Zimmers allein sind, erwacht in ihnen die Kinderangst, die Angst vor der Einsamkeit, vor den Bildern der Toten und dann eine ahnungsvolle Angst vor unbestimmten Dingen. In der allgemeinen Erregung des Hauses hat man das Zimmer zu heizen vergessen. So kriechen sie fröstelnd zusammen in ein Bett, umschlingen sich fest mit den mageren Kinderarmen und pressen die schmalen, noch nicht aufgeblühten Körper eine an die andere, sie um Hilfe zu suchen vor ihrer Angst. Noch immer wagen sie nicht, mitsammen zu sprechen. Aber jetzt bricht die Jüngere endlich in Tränen aus, und die Ältere schluchzt wild mit. Es ist nicht mehr das Fräulein, um das sie weinen, nicht die Eltern, die nun für sie verloren sind, sondern eine Angst vor alledem, was nun kommen wird aus dieser unbekannten Welt, in die sie heute den ersten erschreckten Blick getan haben. Angst haben sie vor dem Leben, in das sie nun aufwachsen, vor dem Leben, das dunkel und drohend vor ihnen steht wie ein finsterer Wald, den sie durchschreiten müssen. Immer leiser wird ihr Schluchzen. Ihre Atemzüge fließen nun sanft ineinander wie vordem ihre Tränen. Und so schlafen sie endlich ein.

---

entgegenkommen to come to meet

wagen to dare
gefährlich dangerous
bohren to bore; to drill   die Lüge lie
hineinflüchten to escape into

auftauchen to turn up; to appear
herrufen to call here
bleich pale   verstört disturbed
begrüßen to greet

anrühren to touch
ausspucken to spit on the floor (in disgust)
rastlos restless
der Käfig cage
sich begegnen to run into each other
belügen to deceive
glauben an to believe in

erwachen to awaken
die Kinderangst children's fear
die Einsamkeit loneliness
der Tote dead person
ahnungsvoll ominous
unbestimmt uncertain
allgemein general
die Erregung excitement
heizen to heat   kriechen to crawl
fröstelnd shivering
sich umschlingen to cling to each other
mager thin   schmal slender
aufgeblüht developed   der Körper body
mitsammen together
ausbrechen to break out
schluchzen to sob
vor alledem, was of everything that
unbekannt unknown   der Blick glance
aufwachsen to grow up
drohend threateningly
finster gloomy   der Wald forest
durchschreiten to walk through
der Atemzug breath
ineinanderfließen to flow together
vordem before
einschlafen to fall asleep

A. *Complete the following sentences by circling the most appropriate answer.*

1. Der Autor dieser Geschichte ist _____.
   a. Deutscher
   b. Schweizer
   c. Österreicher

2. Die Hauptfiguren der Kurzgeschichte sind _____
   a. der Student Otto und seine Freundin
   b. die Mutter und der Vater
   c. die beiden Kinder

3. Als die beiden Mädchen über ihr Fräulein sprechen, _____
   a. merken sie, daß etwas mit ihr los ist
   b. sagen sie, daß sie sie hassen
   c. sagen sie, daß sie sich nicht geändert hat

4. Ein Fräulein, das für die Erziehung von Kindern sorgt, nennt man _____
   a. eine Frau
   b. eine Gouvernante
   c. eine Freundin

5. Das Fräulein ist traurig und weint, _____
   a. weil sie verliebt ist
   b. denn sie bekommt ein Kind von Otto
   c. weil sie keine Zeit für die Kinder hat

6. Otto, der Freund der Gouvernante, ist _____
   a. Mechaniker
   b. Student
   c. Gouverneur

7. Otto sagt seiner Freundin, er habe keine Zeit, _____
   a. weil er vor den Prüfungen stehe
   b. weil er arbeiten müsse
   c. weil er kleine Kinder nicht gern habe

8. Die Kinder können nicht verstehen, _____
   a. warum Otto das Haus verläßt
   b. wo das Fräulein das Kind hat
   c. warum das Fräulein nicht verheiratet ist

9. Die Mutter ruft die Gouvernante zu sich, um ihr zu sagen, _____
   a. daß sie ein Kind bekommt
   b. daß Otto das Haus verläßt
   c. daß sie nicht mehr im Haus bleiben darf

172

10. Um dem Fräulein zu seigen, daß sie sie sehr gern haben, _____.
   a. verabschieden sie sich von ihr
   b. geben sie ihr ihre Sparbüchsen
   c. kaufen sie ihr Nelken

11. Als die Familie am Morgen die Gouvernante sucht, bemerkt sie, _____.
   a. daß das Fräulein in der Nacht plötzlich verschwunden ist
   b. daß Otto nicht mehr da ist
   c. daß die Gouvernante ein Kind bekommt

12. Am Ende der Geschichte _____.
   a. trauen die Kinder ihren Eltern nicht mehr
   b. freuen sich die Kinder über das Kind des Fräuleins
   c. können die Mädchen ihre Mutter gut verstehen

B. *Answer* **richtig** *or* **falsch.**

_____ 1. Die beiden Mädchen sind schon ziemlich alt.

_____ 2. Ein Mädchen ist viele Jahre älter als die Schwester.

_____ 3. Die Schwestern sind sehr traurig.

_____ 4. Sie können ihr Fräulein nicht verstehen.

_____ 5. Sie haben die Gouvernante sehr gern.

_____ 6. Sie glauben, das Fräulein ist in Otto verliebt.

_____ 7. Otto ist ein Student, der im Haus wohnt.

_____ 8. Sie haben Otto sehr gern, weil er zu ihnen freundlich ist.

_____ 9. Die Mädchen beschließen; vor der Tür des Fräuleins zu horchen.

_____ 10. Indem das eine Mädchen hustet, will sie sagen, daß jemand kommt.

_____ 11. Sie können das Gespräch zwischen Otto und dem Fräulein nicht verstehen.

_____ 12. Otto und das Fräulein sind heimlich verheiratet.

_____ 13. Sie bekommt ein Kind von Otto.

_____ 14. Otto ist unfreundlich und will ihr nicht helfen.

_____ 15. Die Schwestern glauben, nur verheiratete Leute bekommen Kinder.

_____ 16. Das Leben der Kinder ändert sich, und es kommt zur Krise.

_____ 17. Das Fräulein hat weniger Zeit für sie.

_____ 18. Die Mutter ruft die Gouvernante ins Zimmer, um mit ihr zu sprechen.

_____ 19. Die Mutter hat viel Mitleid mit dem Fräulein.

_____ 20. Die Mutter hat wenig Interesse dafür, was aus dem Fräulein werden soll.

_____ 21. Die Gouvernante soll das Haus und die Kinder verlassen.

_____ 22. Die Kinder finden, daß ihre Mutter richtig gehandelt hat.

_____ 23. Um Blumen zu kaufen, zerbrechen sie ihre Sparbüchsen.

_____ 24. Das Fräulein verläßt das Haus, ohne sich zu verabschieden.

_____ 25. Die Kinder können die Welt nicht mehr verstehen.

C. *Answer the following questions.*

1. Wann lebte der Autor und in welchem Land?

_____

2. Wie nennt man ein Fräulein, das Kinder erzieht?

_____

3. Was ist das Alter der beiden Kinder?

_____

4. Was ist den Mädchen an dem Fräulein aufgefallen?

_____

5. Was sieht das Mädchen, als sie zum Fräulein ins Zimmer geht?

_____

6. Wie erklärt sie ihrer Schwester, daß das Fräulein weinte?

_____

7. In wen ist das Fräulein verliebt?

_____

8. Wie lange wohnt Otto schon bei der Familie?

_____

9. Was für einen Beruf hat Otto?

_____

10. Wie denken die Schwestern über das „Verliebtsein"?

_____

11. Was bemerken die Kinder bei Tisch zwischen Otto und der Gouvernante?

_____

12. Welche Entschuldigung gibt das Fräulein, als sie den Tisch verläßt?

_____

13. Hat das Fräulein wirklich Kopfweh?

_____

14. Was geschieht auf ihrem Zimmer?

_____

15. Welches Signal soll die eine Schwester geben, wenn jemand kommt?

_____

16. Was hört das Mädchen, als sie an der Tür horcht?

_____

17. Welche Entschuldigung gibt Otto dem Fräulein?

_____

18. Warum können die Kinder nicht verstehen, daß das Fräulein ein Kind hat?

_____

19. Was hören sie am nächsten Morgen bei Tisch über Otto?

_____

20. Werden die Kinder anders?

_____

21. Was verlangt die Mutter von der Gouvernante?

_____

22. Wie behandelt die Mutter das Fräulein?

_____

23. Hat die Mutter Mitleid mit ihr?

_____

24. Was denken die Kinder über ihre Mutter?

_____

25. Wie denken die Mädchen über das Fräulein, als es nicht mehr da ist?

_____

26. Wie wollen sie zeigen, daß sie das Fräulein lieben?

_____

27. Womit kaufen sie die Blumen?

_____

28. Hat sich das Fräulein von allen verabschiedet?

_____

29. Was ist die Reaktion der Mutter und des Vaters, als sie hören, daß das Fräulein das Haus verlassen hat?

_____

30. Was denken die Kinder am Ende der Geschichte über die Welt und das Leben?

_____

D. _Complete the following sentences by consulting the vocabulary items of „Die Gouvernante"._

1. Das Kind _____ leise. (_was breathing_)
2. Aus dem Dunkel hörte sie _____. (_a loud voice_)
3. Das Mädchen erwiderte: „_____
_____." (_I'd like to show you something_)
4. Die Studenten mußten _____ machen. (_many assignments_)

5. Die Gouvernante _____ die Kinder.
   (*paid no attention to*)

6. Die Mutter war ganz _____. (*surprised*)

7. Das Licht _____ im Zimmer. (*was burning*)

8. „_____",
   sagte die Ältere. (*I can't imagine that*)

9. Das Fräulein _____. (*was in love with him*)

10. Die Schwestern _____ das Kind. (*talk about*)

11. Im ersten Stock _____. (*a door slams shut*)

12. Die Mutter _____ das Problem mit ihrem Mann. (*discusses*)

13. Die jüngere Schwester wollte wissen: „_____?"
    (*what's the matter*)

14. „_____
    _____", antwortete er. (*I can tell it in your eyes*)

15. Als Otto das Haus verließ, sagte er: „_____
    _____." (*It can't be helped*)

16. Die Gouvernante _____. (*has run away*)

17. „_____!" sagte die Jün-
    gere erregt. (*That's just it*)

18. Otto _____. (*shook hands with father*)

19. _____ hat das Fräulein wenig Zeit für die Kinder.
    (*lately*)

20. Nachdem sie die Nachricht gehört hatte, _____
    _____. (*she stared into space*)

21. Sie war das _____ Kind der Familie. (*only*)

22. Die Mutter fühlte _____ mit der Gouvernante. (*little compassion*)

23. Sie wollte das Fräulein nicht mehr im Haus _____. (*to tolerate*)

24. Der Vater fragte sie: „_____
    _____?" (*Can I depend on you*)

25. „Du wirst uns nicht verlassen, _____?" fragten sie. (*will you*)

26. „_____", sagte der Lehrer. (*Pay attention*)

177

27. _____ging Otto zu dem Fräulein. (*last night*)

28. Die Kinder waren sehr _____, weil das Fräulein nicht mehr da war. (*astonished*)

29. Als der Morgen kam, _____ die Gouvernante _____. (*had disappeared*)

30. Die Schwestern _____ in dem Raum. (*met each other*)

SOLUTIONS TO CROSSWORD PUZZLES

KREUZWORTRÄTSEL: 1

H	Ä	U	S	E	R	■	F
E	H	■	S	E	H	R	
M	A	R	K	■	I	■	A
D	U	■	E	I	S	■	G
■	■	E	I	■	E	■	E
R	E	N	N	E	N	■	N

KREUZWORTRÄTSEL: 2

W	■	T	A	G	E	■	E	■	
A	N	■	■	U	■	■	S	E	E
G	■	K	A	T	Z	E	■	■	I
E	■	A	B	■	E	S	S	E	N
N	A	M	E	■	H	■	E	I	S
■	■	■	E	R	■	N	E	I	N
W	■	L	■	H	■	I	N	■	E
E	■	■	U	■	S	E	H	R	
N	■	D	E	N	■	■	■	D	
N	E	U	■	D	U	M	M	■	E

KREUZWORTRÄTSEL: 3

L	I	E	F	■	D	A	■	N	A	H	M
I	N	■	A	■	A	■	T	U	N	■	A	M
E	■	H	E	S	S	E	N	■	N		
B	I	E	R	■	S	I	E	■	O	H	N	E
E	H	R	E	■	C	■	E	■	A	■	A
■	M	E	N	S	C	H	■	S	I	N	G	E	N
M	M	E	■	E	S	■	D	E	R		
I	■	I	■	I	■	N	I	E	■	H	
T	A	T	E	N	■	A	N	N	A	■	T	A	G

KREUZWORTRÄTSEL: 4

■	■	■	D	■	J	U	N	G
■	W	I	R	■	B	I	E	R
■	A	D	■	L	O	C	H	■
E	G	O	■	O	H	■	F	
■	E	■	M	U	T	T	E	R
A	N	N	A	■	■	A		
R	■	N	A	M	E	U		
M	A	N	N	■	I	S	T	

VOCABULARY

The vocabulary listed in this section includes all the words which occur in the reading selections and exercises, with the exception of those given in the marginal vocabularies accompanying the selections. Nouns are listed with their plurals, e.g., **die Nacht,-̈e** night *(read the plural form as* **die Nächte***). Strong and irregular verbs are presented with their principal parts, e.g.,* **gehen, ging, ist gegangen** to go. *Verbs with separable prefixes are indicated by a hyphen, e.g.,* **auf-stehen, stand auf, ist aufgestanden** to get up.

ab und zu now and then
der Abend,-e evening
aber but
sich ab-finden, fand sich ab, hat sich abgefunden to reconcile oneself; to resign oneself
ab-schießen, schoß ab, abgeschossen to shoot down
die Abstammung,-en descent, ancestry
das Abteil,-e compartment
ahnen to suspect; to sense
allein alone
allwissend all-knowing; omniscient
als when; than
der Amerikaner,- (the) American
an-blicken to look at; to regard
andauernd continuous; constant
ander- other; different
die Angst,-̈e fear; fright
anscheinend apparently
an-starren to stare at
die Antibabypille,-n birth control pill
die Antwort,-en answer
antworten to answer (*with dative*)
der Apfel,-̈ apple
ärgern to anger; to tease
sich ärgern to be angry
arm poor
der Arm,-e arm
die Armee,-n army
der Arsch,-̈e ass
der Artikel,- article
der Aschenbecher,- ashtray
auf-fallen, fiel auf, ist aufgefallen to notice; to be conspicuous
auf-geben, gab auf, hat aufgegeben to give up
auf-hängen, hing auf, hat aufgehangen to hang up
auf-hören to stop
auf-räumen to clean up; to arrange neatly
aufregend exciting
aufrichtig genuine, honest
auf-stehen, stand auf, ist aufgestanden to get up; to rise
das Auge,-n eye
der Augenblick,-e moment

aus out of; from
auseinander apart
außer beside
die Aussprache,-n pronunciation
auswendig by heart
das Auto,-s car
das Autofahren driving
der Autofahrer,- driver
der Automat,-en vending machine

die Banane,-n banana
die Bank,-en bank
die Bank,-̈e bench
der Bart,-̈e beard
bärtig bearded
der Bauch,-̈e belly
beachten to observe; to watch for
bedeutend important; considerable
beginnen, begann, begonnen to start; to begin
begleiten to accompany
begrüßen to greet
behandeln to treat
bei with; neat; at
beide both
das Bein,-e leg
beinahe almost
das Beispiel-e example
beißen, biß, gebissen to bite
bekommen, bekam, bekommen to get; to receive
belästigen to bother; to molest
der Bericht,-e report
der Beruf,-e occupation; profession
sich beruhigen to calm oneself
beschließen, beschloß, beschlossen to decide
beschreiben, beschrieb, beschrieben to describe
die Beschwerde complaint
sich beschweren, beschwor, beschworen to complain
besitzen, besaß, besessen to own; to possess
besonder- special; peculiar
besonders especially
besser better
das Besteck,-e tableware
bestellen to order

bestimmt for certain; for sure
besuchen to visit
das Bett,-en bed
beweisen, bewies, bewiesen to prove
bezahlen to pay
die Bibliothek,-en library
das Bier,-e beer
das Bild,-er picture
die Bildung,-en upbringing; culture; education
billig cheap
bis until; to
(ein) bißchen a little
bitten, bat, gebeten (um) to ask (for)
bleiben, blieb, geblieben to stay; to remain
das Blinklicht,-er turn signal indicator
blühen to bloom; to blossom
die Blume,-n flower
das Blut blood
der Boden,- ground; floor
böse mean; angry
der Botschafter,- ambassador
brauchen to need
breit wide; broad
der Brief,-e letter
brieflich by letter
die Briefmarke,-n postage stamp
der Briefträger,- letter carrier
die Brille,-n glasses
das Brot,-e bread
der Bruder,- brother
die Brutalität,-en brutality
das Buch,-er book
der Bürgermeister,- mayor

der Charme charm; appeal
das Christuskind Christchild

die Dame,-n lady
danken to thank (*with dative*)
schönen Dank many thanks; thanks a lot
darum therefore; that is why
dauern to last
der Daumen,- thumb
der Demonstrant,-en demonstrator
die Demonstration,-en demonstration
denken, dachte, gedacht to think; to believe
der-, die-, dasselbe the same
deutsch German
der Deutsche,-n (the) German
der Dichter,- poet
dick thick; fat
der Dieb,-e thief
die Diebin,-nen female thief
der Dienstbote,-n messenger

doch still; but
Dr. phil. doctor of philosophy
dran (daran) on it
draußen outside
drin (drinnen) inside
drücken to press; to shove
dumm dumb; stupid
dünn thin; slim; lean
durch through; by means of
durch-fallen, fiel durch, ist durchgefallen to fail; to flunk
dürfen, durfte, gedurft may; to be permitted
  nicht dürfen must not

die Ehe,-n marriage
das Ehepaar,-e couple
das Ei,-er egg
eigen- own
eigentlich real; actual; in fact
der Eigentümer,- owner
einander (to) each other
der Einbrecher,- burglar
ein-gehen, ging ein, ist eingegangen (auf) to accept
einmal once
ein-packen to pack; to package
ein-rahmen to frame
ein-ziehen, zog ein, eingezogen to induct
das Einzige the only (thing)
einzig single; only
das Eis ice; ice cream
die Eltern parents
der Empfänger,- recipient
das Ende end
endlich finally
der Engländer,- Englishman
entfernen to remove
entschuldigen to excuse
die Entspannung,-en relaxation
enttäuscht disappointed
die Erde,-n earth; soil
der Eremit,-en hermit
die Erfahrung,-en experience
erfinden, erfand, erfunden to invent
der Erfinder,- inventor
der Erfolg,-e success
erfüllen to fulfill
ergeben faithful
erhalten, erhielt, erhalten to get; to receive
sich erinnern (an) to remember
erklären to declare; to explain
die Erlaubnis,-se permission
erregen to excite
erreichen to reach; to attain
erscheinen, erschien, ist erschienen to appear

erschießen, erschoß, erschossen to shoot
erst first
erstaunt astonished; surprised
der Erwachsene,-n grown-up, adult
erwidern to reply
erwischen to catch
erzählen to tell; to relate
erziehen, erzog, erzogen to raise, to bring up
essen, aß, gegessen to eat
das Essen dinner; food
etwas something

fahren, fuhr, ist gefahren to go, to ride, to travel,
  to ride
der Fahrschein,-e ticket
falsch false, deceitful
das Faltdach,-er convertible top
fangen, fing, gefangen to catch
faul rotten; spoiled; lazy
feiern to celebrate
fein fine; elegant
der Feind,-e enemy
der Feldwebel,- sergeant
das Fensterbrett,-er windowsill
das Fernsehen television
fern-sehen, sah fern, hat ferngesehen to watch
  TV
fest firm
das Fest,-e festival; holiday
sich fest-halten, hielt sich fest, hat sich festgehalten
  to hold on
finden, fand, gefunden to find; to locate
der Fink-en finch
die Flagge,-n flag; banner
die Flasche,-n bottle
das Fleisch flesh; meat
fleißig diligent
fliegen, flog, ist geflogen to fly
die Fliegenpatsche,-n fly swatter
die Flinte,-n gun
flirten to flirt
die Flöte,-n flute
der Flug,-e flight
der Flughafen,- airport
die Flugtasche,-n flight bag
folgen to obey; to follow
die Folge,-n the result
fragen to ask
Frankreich France
der Franzose,-n Frenchman
die Frau,-en women; lady
frei free
die Fremdsprache,-n foreign language
fressen, fraß, gefressen to eat; to devour

die Freude,-n joy; happiness
sich freuen (über) to be happy about
der Freund,-e friend
freundlich friendly
das Friedenssymbol,-e peace symbol
frieren, fror, gefroren to freeze
der Friseur,-e barber; beautician
froh happy
füllen to fill
der Fuß,- foot
der Fußgänger,- pedestrian

der Gammler,- hippie
der Gärtner,- gardner
die Gasse,-n alley
das Gäßchen,- small alley
geben, gab, gegeben to give
  es gibt there is; there are
der Gedanke,-n thought
gefährlich dangerous
gefallen, gefiel, gefallen (with dative) to please,
  to like
gegen against
gehen, ging, ist gegangen to'go; to walk
die Geige,-n violin
das Geländer,- rail; banister
gelb yellow
das Geld,-er money
der (die) Geliebte loved one; beloved
das Gemüse,- vegetables
genug enough
das Gepäck baggage
gerade just; at the moment
die Gerechtigkeit,-en justice
gern gladly
  verb plus gern to like to do something
  er trinkt gern he likes to drink
das Geschäft,-e business
geschehen, geschah, ist geschehen to happen
das Geschenk,-e gift; present
die Geschichte,-n story; tale
geschwind quickly
die Gesellschaft,-en society; company
das Gesetz,-e law
das Gesicht,-er face
gesinnt oriented
gesund healthy
die Gewalt,-en force; power
das Gewehr,-e gun
gewissenhaft conscientious
gewissenlos irresponsible
das Gewitter,- thunderstorm
gewöhnlich usual; ordinary
das Glas,-er glass

der Glauben,- belief
das Glück luck; fortune
Glück haben to be fortunate
glücklich fortunate; happy
der Gott,-er god
das Grab,-er grave
das Gras,-er grass
grauenhaft horrible
grinsen to grin
groß big; large; great
die Großmutter,- grandmother
der Großvater,- grandfather
grün green
der Grund,-e reason
grüßen to greet

das Haar,-e hair
halb half
der Hals,-e neck
halten, hielt, gehalten (für) to take (for); to
  consider
die Hand,-e hand
das Handtuch,-er towel
das Hasch(isch) hash(ish)
häßlich ugly
die Haube,-n hood
das Haus,-er house
die Hausaufgabe,-n homework
das Heim,-e home
heiraten to marry
heißen, hieß, geheißen to be called
helfen (with dative) to help
das Hemd,-en shirt
Hessen state in the Federal Republic of Germany
heutzutage these days; nowadays
der Himmel,- sky; heaven
hin (to) there
hinten in back
das Hirn,-e brain
hochverehrt very honored
hoffentlich hopefully
holen to fetch; to pick up
hören to hear
der Hund,-e dog
der Hunger hunger
hungrig hungry
der Hut,-e hat

die Idee,-n idea; thought
der Idiot,-en idiot
ignorieren to ignore
immer always
infolgedessen therefore
das Interesse,-n interest; curiosity

sich interessieren (für) to be interested (in)
irgendein some; any
Italien Italy
der Italiener (the) Italian

die Jacke,-n jacket
jagen to hunt; to chase
der Jäger,- hunter
das Jahr,-e year
der Job work (anglicism)
die Jugend,-en youth
jung young
der Junge,-n boy

kahlköpfig bald-headed
das Kamel,-e camel
der Kampf,-e battle; struggle
die Kartoffel,-n potato
der Kaufmann,-er salesman
das Kindermädchen,- nursemaid
das Kinn,-e chin
das Kino,-s movie theater
die Kirsche,-n cherry
klagen to complain
kleiden to dress
klein small; little
das Kleingeld small change
knacken to crack
der Knüppel,- club, bat
der Koch,-e cook
kochen to cook
der Koffer,- suitcase
der Kofferraum,-e (car) trunk
komisch strange; weird; funny
kommen, kam, ist gekommen to come
können, konnte, gekonnt to be able; can
der Kopf,-e head
der Korb,-e basket
der Kotflügel,- fender
der Kraftwagen,- automobile
krampfhaft forced; unnatural
kratzen to scratch
die Krawatte,-n necktie
das Kreuzworträtsel,- crossword puzzle
der Krieg,-e war
der Künstler,- artist
künstlich artificial
der Kuß,-sse kiss
küssen to kiss

lachen to laugh
lächeln to smile
das Land,-er country; land
die Landschaft,-en landscape

lang long; for a long time
langsam slow
der Lärm noise
lärmen to make noise
laufen, lief, ist gelaufen to run
die Laus,-̈e louse
laut loud
das Leben life
das Lebewesen,- living thing
der Leib,-er body
leicht easy
leidig boring; unpleasant
leise softly; quietly
leise-stellen to turn down in volume
das Lenkrad,-̈er steering wheel
lesen, las, gelesen to read
der Leser,- reader
letzt- last; final
die Leute people
die Liebe love
lieben to love
das Lied,-er song
liegen, lag, gelegen to lie; to be situated
das Loch,-̈er hole
logisch logically
los loose
    Was ist los? What's the matter?
lösen to solve
die Lösung,-en solution
die Luft,-̈e air
die Lust,-̈e joy; desire
    Lust haben to be in the mood; to want

die Macht,-̈e power; force
machen to do; to make
der Mangel,-̈ shortage; lack
der Mann,-̈er man; husband
der Mantel,-̈ overcoat
die Mark mark (*German currency*)
die Maus,-̈e mouse
meinen to mean
die Meinung,-en opinion
die Mensa, Mensen student cafeteria
der Mensch,-en man; human being
miauen to meow
der Militärdienst military service
militaristisch militaristic
mitgeteilt said; communicated
das Mitleid compassion
mit-machen to participate; to go along
die Mitte,-n middle
die Möbel furniture
die Möglichkeit,-en possibility
die Moral moral; point

der Mörder,- murderer
der Motor,-en engine; motor
müde tired
der Mund,-̈er mouth
das Muster,- sample
der Mut courage
die Mutter,-̈ mother
die Mütze,-n cap; hat

nach Hause home(wards)
nach-ahmen to imitate
nachdem after
die Nacht,-̈e night
der Nachteil,-e disadvantage
das Nachthemd,-en nightgown
das Nachtlokal,-e night club
Na ja! Oh well!
die Nachricht,-en news
nackt naked; nude
die Nadel,-n needle
neben next to
der Nebel fog
es herrscht Nebel there is fog
neblig foggy
nehmen, nahm, genommen to take
die Nelke,-n carnation
nennen, nannte, genannt to call; to label
neu new
nichtsnutzig useless
nicken to nod
noch yet; still
die Note,-n grade
notwendig necessary
nur only

oben upstairs
der Ober,- waiter
die Obszönität,-en obscenity
offen open
die Öffentlichkeit public
Österreich Austria
die Ohnmacht unconsciousness
    in Ohnmacht fallen to faint
das Ohr,-en ear
ohrfeigen to slap in the face
der Onkel,- uncle
die Ordnung,-en order

(ein) paar a few
der Papierkorb,-̈e wastepaper basket
der Pass,-̈e passport
passen to fit
das Pech bad luck
persönlich personally

der Pfadfinder,- pathfinder, boy scout
die Pfeife,-n pipe
pfeifen, pfiff, gepfiffen to whistle
der Plan,-̈e plan
pflücken to pick
platzen to burst
plötzlich suddenly
die Politik politics
der Polizist,-en policeman
das Problem,-e problem
die Prüfung,-en test; exam

das Rad,-̈er wheel
der Rang,-̈e rank
rasieren to shave
die Rate,-n installment; payment
rauchen to smoke
der Rauch smoke
die Raupe,-n caterpillar
raus out
die Reaktion,-en reaction
recht haben to be (in the) right
regnen to rain
reich rich; wealthy
reichlich sufficient
der Reifen,- tire
   der Gürtelreifen,- radial tire
die Reinlichkeit cleanliness
die Reise,-n trip; voyage
reisen to travel
rennen, rannte, ist gerannt to run
reparieren to repair
das Resultat,-e result
der Roboter,- robot
der Ruf,-e call; yell; reputation
rufen, rief, gerufen to yell; to call
die Ruhe,-n quiet; peacefulness
ruhig quiet; peaceful
rund round

sagen to say
sammeln to collect
der Satz,-̈e sentence
die Schachtel,-n pack, box
der Schäferhund,-e shepherd dog
die Schallplatte,-n record
sich schämen to be ashamed
das Schaufenster,- display window
sich scheiden lassen to get a divorce
die Scheidung,-en divorce
der Scheinwerfer,- headlight
schenken to give (a present)
schicken to send; to mail

das Schild,-er sign
schlafen, schlief, geschlafen to sleep
schläfrig sleepy
das Schlafzimmer,- bedroom
schlagen, schlug, geschlagen to beat
schlagfertig readily; without being at a loss for
   words
schlank slender; slim
schlecht bad
schließlich finally
schlimm bad; terrible
der Schlingel,- rascal
der Schlips,-e necktie
der Schmarotzer,- parasite
schmutzig dirty
der Schnee snow
schneiden, schnitt, geschnitten to cut
schnell quick; fast
schön beautiful; nice; pretty
die Schönheitspflege,-n beauty treatment
schreiben, schrieb, geschrieben to write
der Schritt,-e step
der Schuh,-e shoe
die Schulter,-n shoulder
schwarz black
Schweden Sweden
schwer difficult; heavy
die Schwester,-n sister
die Schwiegermutter,- mother-in-law
schwindeln to cheat; deceive
der Schwindler,- swindler
der See,-n lake
die See,-n ocean
die Seele,-n soul
sehen, sah, gesehen to see
sehr very
die Seife,-n soap
selbstgemacht home-made; do-it-yourself
Selbstmord begehen to commit suicide
senden, sandte, gesandt to send; to transmit
senkrecht vertical (down)
singen, sang, gesungen to sing
der Sinn, -e sense; meaning
sitzen, saß, gesessen to sit
sofort right away; immediately
der Soldat,-en soldier
sondern but
sorgen (für) to care for
die Sparbüchse,-n piggy bank
sparen to save
später later
das Spiel,-e game; play
die Spielsachen toys
das Sportcoupé,-s coupe

die **Sprache,-n** language
sprechen, sprach, gesprochen to talk; to speak
springen, sprang, ist gesprungen to jump
die **Stadt,-e** city; town
der **Stadtverwalter,-** city manager
der **Staub** dust
stehen, stand, ist gestanden to stand
stehen-bleiben, blieb stehen, ist stehengeblieben
  to stop; to halt
stehlen, stahl, gestohlen to steal
der **Stein,-e** rock; stone
steinreich filthy rich
die **Stelle,-n** place; position
stellen to place; to put
sterben, starb, ist gestorben to die
der **Stern,-e** star
steuern to steer; to drive
der **Stil,-e** style
still silent
die **Stirn,-en** forehead
der **Stock,-e** stick; story
der **Stolz** pride
das **Stopplicht,-er** brake light
stören to disturb; to bother
die **Stoßstange,-n** bumper
die **Straße,-n** street; road
die **Straßenecke,-n** street corner
der **Straßenkehrer,-** street sweeper
das **Stück,-e** piece
die **Stunde,-n** hour
suchen to look for
das **Synonym,-e** synonym

der **Tag,-e** day
das **Tal,-er** valley
die **Tante,-n** aunt
tanzen to dance
die **Tasche,-n** pocket
das **Taschengeld** pocket money
die **Tasse,-n** cup
tatsächlich actually; in fact
teilen to partition; to divide
teuer expensive
das **Tier,-e** animal
toben to rage; to misbehave
tot dead
töten to kill
tragen, trug, getragen to wear; to carry
das **Tränengas,-e** tear gas
treffen, traf, getroffen to meet; to hit
trennen to separate
die **Trennung,-en** separation
die **Treppe,-n** stairway; step
der **Tresor,-e** vault

tun, tat, getan to do
die **Tür,-en** door
der **Turm,-e** tower

über over; about; above
überhaupt at all; actually
überhaupt nicht not at all
übernachten to spend the night
überraschen to surprise
überraschend surprising
die **Uhr,-en** watch; clock
umarmen to embrace
unausgegoren undeveloped; immature
unehrlich dishonest
der **Unfall,-e** accident
unhygienisch not hygenic
unterbezahlt underpaid
das **Unterhemd,-en** undershirt
die **Unterhose,-n** undershorts
das **Unterseeboot,-e (das U-Boot)** submarine
unbewußt unconscious
die **Untergrundbahn,-en** subway
unternehmen, unternahm, unternommen to
  undertake
unverdient undeserved
unverschämt rude; insolent
unverstanden misunderstood; not understood

der **Vater,-** father
sich verabschieden to say farewell
der **Verbrecher,-** criminal
verdammt damned; cursed
der **Verehrer,-** admirer
die **Verehrung,-en** respect; admiration
der **Verfasser** author
verfolgen to pursue
das **Verhältnis,-se** relationship
verkaufen to sell
der **Verkehr** traffic
verlangen to demand
sich verlassen (auf), verließ, verlassen to depend
  (on)
verliebt in love
verlieren, verlor, verloren to lose
sich verloben to become engaged
das **Vermögen,-** wealth; possessions
veröffentlichen to publish
verpassen to miss (by being late)
verrückt crazy
verschwinden, verschwand, ist verschwunden to
  disappear
versichern to insure; to assure
das **Verständnis,-se** understanding
verstecken to hide

verteidigen to defend
verunreinigen to pollute
verwöhnen to spoil
die Verzeihung forgiveness
um Verzeihung bitten to ask forgiveness
vielleicht perhaps
der Vogel,- bird
das Volkslied,-er folk song
voll full
völlig completely
der Vorfall,-e incident
vor-kommen, kam vor, ist vorgekommen to occur; to happen
vorn(e) in front
der Vorschlag,-e proposal, suggestion
vor-schlagen, schlug vor, vorgeschlagen to propose, to suggest
der Vortrag,-e lecture; speech

waagerecht horizontal (across)
der Wachtmeister,- guard
der Wagen,- vehicle; car
wahr true
nicht wahr? right? isn't that so?
wahrscheinlich probably
der Wald,-er forest
die Wand,-e wall
wandern to hike
wann when
warten to wait
warum why
was what
was für ein what kind of a
der Weg,-e way; path; direction
weg-nehmen, nahm weg, weggenommen to take away
wehen to blow
die Wehrpflicht draft
der Wein,-e wine
weit wide; broad
weiter-gehen, ging weiter, ist weitergegangen to go on walking
welcher,-e,-es which; which one
wenig little; few
wenn whenever; if; when
werfen, warf, geworfen to throw; to hurl
der Wert,-e value; emphasis
wertvoll valuable

das Wetter,- weather
wichtig important
wie how
die Wiese,-n meadow
die Windschutzscheibe,-n windshield
winken to wave
wirklich really
wissen, wußte, gewußt to know
die Witwe,-n widow
wo where
die Woche,-n week
der Wohlstand affluence
wohnen to live; to reside
worauf on which; of what; whereupon
das Wunderkind,-er child wonder
wünschen to wish
der Wurm,-er worm
die Wut rage; anger

der Zahn,-e tooth
das Zahnweh toothache
zeichnen to draw
zeigen to show
die Zeit,-en time
die Zeitung,-en newspaper
der Zeitungsverkäufer,- newspaper vendor
zerbrechen, zerbrach, zerbrochen to break; to shatter
zerstören to destroy
der Zigarettenstummel,- cigarette butt
der Zins,-en interest
der Zirkus,-se circus
zu Haus(e) at home
zufrieden satisfied
der Zug,-e train
zum Beispiel for example (*abbreviated* **z.B.**)
zu-nähen to sew up
die Zunge,-n tongue
zusammen together
zusammen-stoßen, stieß zusammen, ist zusammengestoßen to collide
zu-schlagen, schlug zu, zugeschlagen to slam shut
zu-sehen, sah zu, zugesehen to watch
zuverlässig dependable
zwar to be sure
der Zwirn,-e yarn; thread
zwischen (in) between
zwitschern to sing (*referring to birds*)